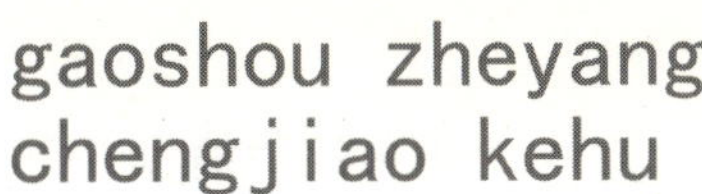

体验闪电成交的快感

分享业绩飙升的喜悦

高手这样成交客户

成交王

肖晓春　著

SPM
南方出版传媒
广东经济出版社
·广州·

图书在版编目（CIP）数据

高手这样成交客户：成交王/肖晓春著．—广州：广东经济出版社，2017.3

ISBN 978-7-5454-5177-1

Ⅰ．①高… Ⅱ．①肖… Ⅲ．①销售学Ⅳ．①F713.3

中国版本图书馆CIP数据核字（2016）第317957号

出 版 人：姚丹林
责任编辑：李惠玉
责任技编：谢　莹

出版发行	广东经济出版社（广州市环市东路水荫路11号11～12楼）
经销	全国新华书店
印刷	茂名广发印刷有限公司 （茂名市计星路60号大院）
开本	787毫米×1092毫米　1/16
印张	15　1插页
字数	249 000字
版次	2017年3月第1版
印次	2017年3月第1次
书号	ISBN 978-7-5454-5177-1
定价	32.00元

如发现印装质量问题，影响阅读，请与承印厂联系调换。
发行部地址：广州市环市东路水荫路11号11楼
电话：（020）38306055　37601950　邮政编码：510075
邮购地址：广州市环市东路水荫路11号11楼
电话：（020）37601980　营销网址：http://www.gebook.com
广东经济出版社新浪官方微博：http://e.weibo.com/gebook
广东经济出版社常年法律顾问：何剑桥律师
·版权所有　翻印必究·

王牌培训系列课程
免费体验启事

【成交王】、【终端王】、【赢利王】等王牌培训系列课程，由王牌培训书系总主编、著名营销专家肖晓春教授领衔原创，现已帮助数十家企业、逾万名经销商及销售精英业绩飙升。

王牌培训课程采用独家原创的内容、独到有效的培训方式，达到业绩提升的独特效果，并实行“**按效果收费**”的合作模式：凡企业邀请王牌培训课程导师授课，**均可以先免费体验**，体验后根据**培训效果来决定培训费用**，企业完全零风险。

温馨提示：因课程排期较满，王牌培训课程每月只能接受3家企业预约免费体验，**抢订电话：13503081912，电子邮箱：f1268@126.com**。

王牌培训书系

专家委员会

丁　一：中国营销学会会长

刘文献：北京师范大学特许经营学院院长，北京特许经营权交易所董事长

戴履先：中国营销学会副会长，广东营销学会会长

袁乐清：《营销管理》杂志总编辑，广东营销学会常务副会长兼秘书长

肖晓春：王牌培训书系总主编，北京师范大学特许经营学院客座教授

李建强：红星美凯龙全球家居连锁中原区域总经理

徐继业：中国移动通讯集团深圳龙岗分公司总经理

刘　建：广州市创业指导中心专家组组长，培训师导师

郭光宇：广东省商业联合会培训部部长，精益管理专家

张　梵：搜房网家居建材集团常务副总裁

王　语：红星美凯龙全球家居连锁中原区域人力资源部部长

龚震波：王牌培训书系副总编，王牌培训系列课程导师

王颂舒：王牌培训书系副总编，王牌培训系列课程导师

叶素贞：王牌培训书系副总编，王牌培训系列课程导师

编写委员会

林　川、邓小华、陈玉华、肖中华、李巧仪、孙桂生、林丽梅、何丽秋、肖建芳、刘少芝、丛　珊、李介明、林泽芬、叶艺明、肖艳芳、朗春敏、范利新、叶伟驱、林月好、肖建花、黄细娥、曾君连、肖海华

目录

王牌培训书系

第一章　“锁定”准客户的 6 个眨眼之间　/　1

一、在浏览资料时，抓住准客户的眨眼之间　/　2

二、在倾听时，判断出准客户的眨眼之间　/　6

三、在闲谈时，找到准客户的眨眼之间　/　10

四、在观察中，判断出准客户的眨眼之间　/　13

五、判断出有购买力的准客户的眨眼之间　/　17

六、判断出有决策权的准客户的眨眼之间　/　21

第二章　约见前的 5 个重要准备时刻　/　25

一、8 秒钟开场白，吸引住准客户　/　26

二、预约中，当客户说“NO”的时刻　/　30

三、3 分钟自我激励　/　35

四、3 分钟自我形象检查　/　39

五、3 分钟情景预演 / 44

第三章 拨动客户心弦的 7 个 3 秒钟 / 49

一、3 秒钟内，给客户最强烈的视觉冲击 / 50

二、3 秒钟内，给客户一个印象深刻的微笑 / 53

三、3 秒钟内，给客户一声热情的问候 / 56

四、3 秒钟内，送上让客户心花怒放的赞美 / 60

五、3 秒钟内，找到最利于交流的位置 / 65

六、3 秒钟内，与客户热情地握手 / 70

七、3 秒钟内，让客户“爱”上你的第二张脸——名片 / 74

第四章 面谈中的 7 个重要时刻 / 77

一、把握与客户有相似点的瞬间 / 78

二、向客户展示专业度的时刻 / 83

三、当道德与利益发生冲突的时刻 / 87

四、当客户抱怨的时刻 / 92

五、当客户持观望态度的时刻 / 96

六、当客户要求过分的时刻 / 100

七、面谈中的尴尬时刻 / 104

第五章 介绍与展示产品中的 7 个“调情”时刻 / 109

一、展示开始前，用 1 分钟吸引客户的注意力 / 110

二、当客户注意产品的时刻 / 114

三、展示中，客户分神的时刻 / 118

四、展示中，意外出现的时刻 / 122

五、展示中，客户夸赞竞争对手产品的时刻 / 126

六、展示中，客户体验产品的时刻 / 131

七、展示中，诱导成交的时刻 / 135

第六章 销售跟进中的 6 个重要的 5 分钟 / 139

一、5 分钟内将客户引导向我们的 USP / 140

二、5 分钟内将产品的优势变成客户最重要的决策标准 / 146

三、5 分钟内将处于劣势的决策标准变为重要的决策标准 / 151

四、5 分钟内将客户没意识到的重要决策标准告诉他 / 156

五、5 分钟内重新定义客户的决策标准 / 160

六、5 分钟内用替代方案满足客户需求 / 164

第七章 成交前的 6 个关键时刻 / 169

一、客户对价格产生异议的时刻 / 170

二、客户认真询问产品信息的时刻 / 175

三、把握客户言谈中的成交时刻 / 180

四、把握客户动作中的成交时刻 / 184

五、客户拒绝购买的时刻 / 188

六、客户犹豫不决的时刻 / 193

第八章　销售谈判中的 8 个关键时刻　/　199

一、谈判开局的“破冰期”　/　200

二、报价的时刻　/　204

三、亮出底牌的时刻　/　208

四、当谈判出现僵局的时刻　/　212

五、下最后通牒的时刻　/　216

六、谈判破裂的时刻　/　220

七、谈判收场的时刻　/　225

八、谈判签约的时刻　/　229

第一章

"锁定"准客户的6个眨眼之间

俗话说："机不可失，时不再来。"由此可见，及时把握时机，对于工作的得失、事业的成败是何等重要。时机的出现总是短暂的，只有在它出现的那一瞬间抓住它，成功与喜悦才会与我们同在！作为优秀的销售人员，一定要学会抓住准客户出现的那一刻，敲开成功销售的大门。

一、在浏览资料时，抓住准客户的眨眼之间

2003 年 2 月 12 日早上，S 药厂的业务员小李像往常一样，一边吃早餐一边翻看早报，当浏览到一则《广州市民抢购板蓝根》的报道时，他的眼睛马上亮起来，直觉告诉他销售的大好时机来了。

小李回到公司之后马上在网上查阅了广州关于“非典”疫情的报道，并马上电话联系广州的各大药店推销他们的 B 牌板蓝根。当他们的货摆上各大药店的柜台旺销时，他们的竞争对手 K 厂才知道板蓝根在南方供不应求的消息。

在这个信息化的年代，销售人员只有善于抓住准客户出现的关键时刻，才能在销售中赢得先机，比竞争对手抢先分享市场这块鲜美的蛋糕。

浏览资料时，准客户在销售人员眼中出现的时刻就像流星划过天空一样，很美，很短，稍纵即逝。稍有延迟，机会就成了别人的。销售人员要警惕这个时刻的到来，即使在喝茶看报的时间里。

陈大勇是某市有名的家具公司（Moden 公司）——市场部的资深销售顾问。某天，他一边喝茶一边翻阅着《市场建材报》，突然看到本市一家准备营业的四星级酒店征集 100 套超大型五人座沙发和 100 套超大型四人座沙

发的价格和制作原材料等情况的信息。直觉告诉他，这是做成一笔大生意的绝好机会。

随后，陈大勇对这家酒店及本次采购情况进行了详细的调查。得知参与竞争的企业不多，且实力不及Moden公司。于是他直接打电话给那家酒店的经理，说：“我们公司是全市知名的家具生产商，我们将根据贵酒店的需要，提供令贵酒店满意的家具。”

酒店经理要求他送上详细资料。陈大勇立刻给这位酒店经理发了一份传真，内容包括：Moden公司家具产品的价格表、制作原材料表以及产品的花色、设计风格和售后服务。这家酒店对Moden公司的家具很满意，不久就签了订单。

陈大勇能做成这笔交易就在于他抓住了准客户——某市四星级酒店——出现的关键时刻。在浏览报章杂志的时候，销售人员判断谁是准客户只需要一两秒的时间，一眨眼就过去了。但只要抓住了这个关键时刻，销售就会有实质性的突破。陈大勇抓住了这个时刻，并立即采取了行动，就做成了生意。

阅读浏览是销售人员收集准客户信息的重要途径之一。如何在使用这一途径的过程中，把握住“锁定”准客户的关键时刻，是销售人员销售成功的关键。那么，在浏览资料时，销售人员如何把握住找到准客户的时刻呢？如何比别人更快、更有效地找到准客户呢？

1．养成收集相关行业信息的习惯。

从大量的信息中快速判断出准客户，靠的是销售人员的直觉。这种直觉得益于对资料的大量收集与分析。有效地获取大量有用信息的方法就是建立获取信息的渠道与途径，并且长期坚持，积少成多。

2．多参与本行业的各类交流活动。

本行业的展览会、研讨会和各种形式的聚会是行业信息的集散地，可以得到大量的宣传资料。

3．有意识地留意媒体信息。

读书看报、看电视、上网，都可以增加找到准客户的概率。

能力来自训练。在浏览资料时，眨眼之间抓住准客户的能力，也是可以通过训练来达到的。这里提供一点销售人员如何在网上找准客户的小技巧。这个技巧简单实用，你只需要在搜索引擎中输入要找的客户类型就 OK 了。可尝试以下三种技巧。

1．找某个区域某个行业的准客户。

销售有区域限制的特点，因此在关键词的搜索中，首先输入区域名，其次分析客户的共同点。比如说，你卖的是一种专门用于电视机的零件，要找的准客户就是位于四川绵阳高新技术开发区的电视机制造商。在搜索引擎中，输入关键词（例如：四川绵阳高新技术开发区　电视机制造）。

2．找新投资的准客户。

准备投资或者投产的客户，是准客户开发的重点。越早得到这类信息，就越容易在激烈的市场竞争中占一分先机。要抓住某个开发区的新投资厂商，除了从政府部门中获取资料，也可以从网上进行搜索。

新的大型投资通常会有当地报道，这类网页一般有固定的格式，会有一些特征词，如：“开工”“动工”“奠基”“剪彩”“投产”等。用开发区的名称，加上产品行业名称，再加上这类新投资的特征词，组成关键词进行搜索，往往可以收集到大量的有效信息。在搜索引擎中，输入关键词（例如：四川绵阳高新技术开发区　电视机　投资　动工）。

3．找重要职位变迁的准客户。

就销售而言，准客户群的某些重要职位如果发生变迁，通常是业务切入的好时机。这里的重要职位，通常是指与销售直接相关的采购经理、物料经理等职位。如何查找这类变迁信息呢？可借助人力资源网站。

人力资源网站的企业招聘信息，通常首先会介绍一下企业的情况，然后是招聘需求。于是，用行业名称，加上招聘信息的特征词，再把搜索范围局限在当地的人力资源网站上，就可以随时关注最新动态。在搜索引擎中，输入关键词（例如：电视机　招聘　采购）。

拥有了通过浏览资料找到准客户的本领，只是具备了抓住准客户出现的关键时刻的前提，还要学会在关键时刻出现后，立即采取行动，才算真正把握住了这个关键时刻。就像案例中的销售人员陈大勇，立刻采取行动，调查关于客户的情况，查询客户的联系方式和主管采购的关键人物等。

调查客户的详细资料的具体方法如同文中介绍的寻找准客户的方法，也可通过客户所在地的114 台查询到他们的联系电话。

演练

1. 假设你是一家生产管道热缩材料企业的销售人员，现在负责开拓华北市场，你要借助网络，在网上寻找买家。你的准客户多为中石油的下属单位或各地天然气公司。那么，你在搜索引擎里要输入的关键词是：________________

参考答案

华北　中石油河北分公司或石家庄　石家庄市天然气公司

2. 一天，在《电脑市场报》上登载了一篇某公司要订购一批品牌电脑的消息。瑞明电脑公司是一家以组装机出名的电脑销售公司，看到这个消息后，销售经理立即召集电脑销售人员讨论公司是否有能力拿下这个订单。

甲说：不太可能吧？人家指明要品牌机。

乙说：可能性是有的，只是我不认识他们老总。

丙说：我认为这是品牌机销售人员推销的结果，如果我们花力气去收集资料，也许能拿下这个单子。

你如何看待甲、乙、丙三人的观点？并说明你的观点和理由。

参考答案

赞同丙的观点。甲在销售上仍是个外行，根本不知道如何寻找准客户，资料看了也是白看。乙是个缺少主动性的销售人员，有一定的销售经验，需要提高工作热情和寻找准客户的能力。丙是一位销售高手，他善于分析，且乐观、积极，有较丰富的销售经验和销售能力，能迅速判断出谁是准客户，并能预知一些准客户的情况。

二、在倾听时，判断出准客户的眨眼之间

有一个老人，是知名的考古专家，特别是在发现古墓方面有绝活。他的绝活是每当打雷的时候，他就拼命往山上跑，跑到山顶后俯身去听一种声音。这种声音是雷打在古墓上的回声。通过听这种声音他就能判断古墓的大致情况。靠着这种本领，他成了卓有建树的考古专家。

老人能听出他的宝藏在哪里，你能像老人一样听出你的准客户在哪里吗？在你听到准客户的声音的时刻，你能抓住这个客户吗？优秀的销售人员和普通的销售人员的区别就在于，优秀的销售人员能在第一时间听出准客户，并且能把握住这个时刻，哪怕这个时刻就眨眼那么两秒钟。

某保险公司业务主管王青戏称自己是“猎犬”，每天出门碰见的熟人或生人，都会成为他的“猎物”。因此，他的准客户成千上万，业绩自然很好。他成功的秘诀在于，他听别人说话，就能判断出别人是不是他的准客户，并且一听出对方是准客户，就会立刻抓住对方。

一天早晨，王青去菜市场买1只鸡，正欲离开时，一个年轻人来到摊前，张口就要20只乌鸡。王青顿时警觉起来，认为这小伙子有钱，可能是自己的客户。于是，他主动凑上去，客气地和其搭讪。买鸡的小伙子见王青很客气，也毫不设防地和他谈起来。王青从谈话中了解到：这小伙子是私营企业的老

板，前几年跟朋友合伙开厂赔了一大笔钱，如今又贷款组织了一个车队，家中有妻有子。聊了一阵子后，双方交换了名片。随后，王青登门拜访两次，就做成了小伙子一家人的保险，年交保费6000多元。

王青是一个善于抓住准客户的优秀销售人员，仅仅在听见小伙子买鸡的数量和口气的瞬间，就警觉到小伙子可能是他的客户，并迅速与小伙子接触，了解他的情况，从而做成了生意。

“机会是留给有准备的人的。”老人能在雷击的时刻，判断出古墓的大致情况，在于他非常了解古墓；王青能在小伙子张口买鸡的时刻，判断出销售的机会，在于他了解自己的行业和准客户的话语特征。因此，一个销售人员要善于听两类人的谈话，如此才能迅速判断出准客户，并在眨眼之间采取行动，锁定准客户。销售人员要善于听哪两类人谈话呢？

1．听身边陌生人的谈话。

处处留心皆客户。准客户就在人来人往的人潮中。要想在人潮中，用倾听的方式在眨眼之间判断出谁是准客户，并抓住他们，就需要具备丰富的关于公司、关于产品，特别是准客户话语特征的知识。

如果你是一个美容产品的推销员，那么你的准客户就要具备改善皮肤、保养皮肤需求的特征。那些特别渴望专业的皮肤护理的人，常常关注自己的皮肤，并且不经意地在话语中流露出来。

张丽是某公司的美容顾问。在一个朋友的婚宴上，坐在她旁边的两个女孩子，都在为自己的皮肤喑哑发黄而忧愁焦虑。张丽听到后，立即用自己的专业知识为她们提供了服务，同时也成功地将××公司的护肤产品推荐给了她们。

2．听同事及朋友的谈话。

听同事谈话，可以从他们没推销成功的准客户中，发掘客户资源。日本“推销之神”原一平就曾把同事们都无法推销成功的准客户，变成了自己的客户。

“朋友是生意的扶手杖。”做销售就要听朋友们谈话，分享他们的“人力”资源。专家认为，每个人背后都有250个朋友。推销人员要做好推销工作，就要学会通过朋友们的介绍获得更多的准客户名单，逐渐裂变，一生二，二生四，四生八，达到事半功倍的效果。

王敏是文具用品销售人员，有许多在企业办公室做文员的朋友。她经常和这些朋友聚会聊天，有时他们会谈到办公室又需要什么文化用品，或同单位的某办公室又需要什么办公用品了。在听朋友们谈话的过程中，她敏感地捕捉到销售机会，销售业绩越来越好。

要想在倾听中判断出准客户，并把握住准客户出现的关键时刻，只要掌握怎样从客户的谈话内容中判断准客户的技巧，就会收到好的效果。

1. 有目的地听。

销售人员在倾听时，一定要有一个明确的目的，即从别人的谈话里得到自己需要的信息。有目的地听，就会摈弃谈话中无用的信息，专注于你想要得到的有用信息。

2. 整理有效的信息。

收集有效的信息仅仅靠大脑强记是不够的，在聆听时对一些重要信息进行有目的的瞬间记忆和采用一些可以帮助你记住这些要点的辅助记忆方式，比如，记笔记的方式，或扳手指头的方式，这样就容易获得更多有效的信息。

1. 假设你是某餐馆的销售人员，你在公交车上，听到下面一段谈话，该怎么办？

甲：我们公司最近做成了一笔大的交易，大家忙活完了，杨总说要庆祝一番，让我联系一家饭店，大家吃一顿。

乙：那你们不错嘛，经常都吃大餐。

甲：哎，不就吃一顿吗？反正我是小文员，也拿不到什么奖金。不过有得吃也不错。（笑）

你如何分析这段话，并如何做？

参考答案

甲是准客户，你要立刻和甲攀谈上，并留下联系方式。

2. 假设你是园林设计公司的销售人员。一天，你参加一个同学的生日派对。饭局后，你和同学的几个朋友一起聊天。

大李：小朱，你们公司的办公大楼修好了吧？

小朱：快了。咱们那楼设计得很气派。

大李：绿化做了吗？

小朱：好像还在和一些单位联系吧。我不管这事，不清楚。

你对此该采取何种行动呢？

参考答案

立即向小朱打听他们公司负责绿化的部门联系电话和重要负责人的相关资料，越详细越好。

三、在闲谈时，找到准客户的眨眼之间

有人的地方，就有销售机会。销售人员要善于与陌生人一见如故，与他们热情攀谈，并抓住闲谈中蕴涵的销售机会。机会出现的关键时刻——准客户出现的眨眼之间，销售人员一定要迅速地抓住。

老桑是一家文化公司的销售人员，奉老板之命去见来北京出差的某出版社主编。由于老桑与这个主编年纪相仿，且老桑也做过编辑，所以他与主编甚是投缘，他们在一起谈生活、谈工作，气氛非常融洽。

主编：你们的《××××》，我感觉选题不错，但我们出版社不出这类书。我朋友张××所在的出版社要这类选题。

老桑：那当然不错！我策划的选题，还能不行吗？

主编：你带提纲了吗？我回去时，带给他看看。

老桑：今儿咱哥俩喝个痛快，不谈工作，那多累得慌！

饭局结束后，老桑回家了，连主编的联系方式都没问。

分析这个销售人员的行为，我们可以知道，他根本没有销售人员最基本的捕捉准客户的敏感度，更没有好好把握住关键时刻——主编的朋友即准客户出现的时刻。甚至我们也可以知道，他的销售前奏工作——闲谈——之所以进行得很好，也是一种巧合，是他的老板刻意安排的结果。

优秀的销售人员是生活销售化，销售生活化。他们在旅游、乘车、购物等所有可以接触人的过程中，都不错过与陌生人闲谈、结识的机会，并从中找到

准客户，然后像鹰一样准确地把握准客户出现的时刻，迅速行动。

有一年的夏天，某保险公司的程玉外出旅游。在成都车站上车时，程玉坐在一位三十四五岁女士旁边的座位上，那位女士带着一个小男孩，约6岁。那位女士看上去是一位家境殷实的家庭主妇，于是程玉便有了向她推销保险的念头。

在车上，程玉同这位女士闲谈了起来，一直谈到小孩的学费和这位女士的丈夫。

“您老公一定很爱您，他在哪里发财？”

“他是××公司一个重要部门的负责人，很忙，没时间陪我们。”

“这次旅行准备到哪里游玩？”

“计划先去峨眉山，再去乐山。”

“峨眉山是避暑胜地，又正值盛夏，去旅游的人很多，您预订房间没有？”

听程玉这么一说，那位女士有些紧张：“没有。找不到住的地方就麻烦了！”

“我旅游的目的地就是峨眉山。我有熟人在那里，也许我能给您帮个忙。”

到峨眉山后，程玉为他们预定了房间，并互相交换了联系方式，告诉他们有事可随时与她联系。

程玉旅游回来就拜访了那位女士。不久，她就得到了那位女士一家三口的保单。

程玉和这位女士的谈话看似简单自然，仔细分析起来，从闲谈到判断出这位女士是个准客户的那一瞬间前后，她都花了不少心思。

当她听说这位女士的丈夫是××公司重要部门负责人的那一瞬间，程玉不动声色地判断出这位女士是她的准客户。在此之前，程玉以关心女士的孩子为话题，自然而然地谈到孩子们的学费和她的丈夫，为判断这位女士是否是准客作了巧妙自然的铺垫。在此之后程玉精心地为他们安排了住宿，让交易有了温馨轻快的情感基调，并顺利地得到了女士的联系方式，后续跟进与得到保单，都是自然而然的事情。

销售人员只要有“日的”地与人闲谈，就能在眨眼之间判断出对方是不是准客户。要做到有“目的”地闲谈需注意以下几个技巧：

1．一个标准的准客户需具备四个基本条件：有购买力，有需求，容易接近，有决策权。

2．闲谈时所用的话题要自然。

交谈时，语气要富有“爱的情感”，让对方不设防。在闲谈中，以能增加你的亲和力的话题为最好。此类话题多为天气、对方所关心或熟悉的人与事等。例如，对方若是中年人，就可以以婚姻、家庭、孩子为话题；对方若是老年人，就可以以他曾经的光荣岁月或健康为话题。尽量避开个人宗教信仰的话题，这个话题不容易处理，实在避不开，尽量附和客户是保险的策略。

3．在闲谈过程中，要不断地用准客户应当具备的四个条件去判断和衡量你面前的客户是不是一个潜在的准客户。

这种判断要在与客户的自然“闲谈”中完成，一定不要让客户察觉到你的销售意念。如果能够确定他就是准客户，就可以把他当做准客户培养和投资，否则就应及时礼貌地结束谈话，再去寻找其他准客户。

某保险公司的销售人员小梁，去拜访某位资产上亿的房地产老总，那位老总说：“我比你们保险公司还保险。”小梁听了这句话就知道要这个老总投保根本不可能。于是闲聊一阵后，小梁就笑着说：“听君一席话，胜读十年书。今天就不耽误您工作了，以后再来聆听您的教诲。再见！”

梁冬是一位布艺销售人员。一天，他乘坐巴士前往某地开展业务。他听见前座的两位客户在谈关于代理一个布艺品牌的事，于是就利用车没开启的10多分钟，与那两位乘客闲谈了起来。如果你是梁冬，你与两位乘客谈些什么内容呢？要达到一个什么目的呢？

四、在观察中，判断出准客户的眨眼之间

“生活不缺少美，只是缺少发现美的眼睛。”对于销售人员来说，准客户成千上万，少的只是发现。绝大多数出色的销售人员都有一双慧眼。当准客户出现的眨眼之间，他们就能一眼看穿。

有一天，某著名饭店的销售人员小王到一家百货公司给女友买一件首饰。人们在购买一些较贵重的东西时，通常都会货比三家，希望找到性价比最高的商品。

小王正在留意和比较时，忽然间，听到旁边有人问女售货员：“这个多少钱?”

真巧，问话的人看中的项链跟小王看上的是同一款。

女售货员很有礼貌地回答：“这个要5888元。”

“好，我要了，你给我包起来。”

真气人，同样的东西，别人眼都不眨一下就买了，而小王为了价钱却左右思量。小王是个销售触觉特别敏锐的人，他决心追踪这位爽快的“有钱人”。

“有钱人”在百货公司里悠闲地逛了一圈后，看了看手表，打算离开。那是一只名贵的手表。

“追上去。”小王对自己说。

那个人走出百货公司大门，横过街道，进了一幢办公大楼。大楼的管理员殷勤地向他鞠躬。是个大人物！小王暗想道。眼看“有钱人”进了电梯，小王问管理员：

“你好，请问刚刚走进电梯那位先生是……”

管理员：“你问这干什么？”

小王灵机一动：“请别误会。刚才在百货公司我掉了钱包，他捡起给我，却不肯告诉我他的名字，我想写封感谢信，所以跟踪他，打扰你了。”

管理员：“哦，是这么回事。他是××公司的总经理。”

小王：“谢谢！”

小王得知这一信息后，主动拜访了那个“有钱人”。后来这个经理所在的公司，经常到小王供职的饭店宴请客人。

小王的确是个善于观察和捕捉时机的优秀销售人员。当他通过“有钱人”不经意透露出的信息——买东西时的毫不犹豫，看时间时露出的名贵手表，就迅速判断出此人可能是准客户。然后他抓住时机，跟随“有钱人”，寻找关于“有钱人”的个人身份、工作地点等信息。

通常人们在与陌生人或不熟悉的人相处时，常会回避或有很多保留，所谓：“逢人只讲三分话。”观察可以让销售人员获得人们不愿提供或无法提供的信息。关键时刻就在眨眼之间。一个立志成为优秀销售人员的人，一定要有敏锐的观察能力。

培养敏锐的观察能力，首先要遵循以下原则：

1．牢记你的一个重要工作就是寻找准客户。

这种强烈的意识，会激发你的视觉神经更敏锐地为你服务。

某保险公司的李秀芬，是一位优秀的保险推销员。多年来，她一直要求自己每天必须拜访10位陌生客户。

有一次，当她拜访完第9位客户时，已经是晚上10:00多了。她正在思考最后一个目标会是谁，一辆公交车停在了她的面前。她不假思索地就上了车，与售票员攀谈了起来。当公交车到达终点站时，她也将名片递到了售票员手中。

2．有目的地观察。

列出你的准客户在外表、衣着、言谈举止方面的特征，并熟记这些特征。

这样才能把观察的注意力集中到客户的主要特征上，才能迅速抓住他们。

一些高级化妆品的女性使用者，主要有以下几个特征：发型漂亮、气质优雅、举止得体、服饰做工精良、出入高级的消费娱乐场所。

某著名直销品牌的推销人员雅丽，经常在一些咖啡厅喝茶或去一些高级的娱乐场所玩，通过这些方式，她结交了许多有购买力的客户。

借助观察，迅速找出准客户，有效抓住准客户出现的关键时刻，除了掌握观察的原则外，在具体操作中，还要做到以下三点：

1. 保持安全距离。

观察客户，一般应在1~5米的距离内。如果紧紧跟随客户，会引起客户的反感和不安。太远，则不容易观察到有效的细节信息。

2. 全方位观察客户。

观察客户的年龄、服饰、肢体语言等，然后根据客户的类型，有针对性地采取不同策略，为客户提供不同服务。

在服装专卖店，善于观察客户的销售人员，总会根据客户的年龄、服饰、气质、修养、肢体语言的不同提供不同的服务。

比如，有些客户见多识广，了解服装的最新资讯，也深知什么服装适合自己。这种准客户，销售人员只需要热情主动地给他们提供必要的取送衣服服务和适度的赞美就足够了。

有的客户，虚荣心比较强，穿衣服很在乎别人的眼光，并且希望自己的衣服很抢眼。这时，销售人员就要突出衣服物有所值，告诉客户很多有身份和有地位的人都喜欢这个款式和颜色等信息，最后添上那些客户都觉得贵而没买的话就能有效刺激客户的购买欲望。

对于那些犹豫不决的客户，比如看看这件，又比比那件的准客户，销售人员常常将他们最先看的一两件放在他们身边，并突出衣服符合最新的流行趋势的信息，强化他们追赶潮流、眼光独到的心理。

3. 身上带一个小本子。

将一些可以作为准客户的公司或个人的名字记录下来，然后在合适的时候给这些客户打电话或寄去相关资料。

演练

假设你是某著名女鞋品牌的门店销售人员，该品牌的鞋是为25岁以上的白领阶层设计的，风格以设计简洁、大方、穿着舒适为主。一天，从东面来了两位25岁左右，头发是颇有风情的波浪卷并染成了黄色，衣着为甜美浪漫风格型的女性；从西面来了两位30岁左右的女性，她们看上去都是白领阶层的人，衣服款式简单、面料精良、做工细致、妆容简单，却都有一种非常知性优雅的美。

谁是你的准客户呢？你该怎么做呢？

参考答案

她们都可能是你的准客户。但那两位30岁左右的女性更可能从准客户变为客户。因为她们的审美定位和情趣更接近公司自身的定位和审美情趣。所以，你的最佳做法就是主动接待这两位30岁左右的女性，而让那两位25岁左右的女性随意看看，然后静待其动。

五、判断出有购买力的准客户的眨眼之间

“有钱好办事。”销售人员在寻找准客户时，也一定要善于寻找有购买力的准客户。因此，销售人员判断出准客户有购买力的眨眼之间就是寻找准客户阶段的关键时刻之一。

优秀的销售人员判断有购买力的准客户就在眨眼的两秒之间。这得益于他们训练有素的判断力。以下几点，你也做得到。

筛选有购买力的准客户

为了抓住这个时刻，销售人员仅仅找到有需求的客户是不够的，还要进一步筛选有购买力的客户。不用担心这样会减少成交机会。为什么呢?

原因有二：一是没有购买力的客户，最终只是浪费销售人员的时间和精力。比如，虽然你的客户对你推销的宝马汽车非常感兴趣，可是他月收入不过2000元，你认为他签单的机会有多大呢？二是大多数商品都遵循80:20定律，也就是说，80%的销售收入来自20%的客户。你只需要找到那20%的客户，就可以取得不菲的业绩。

将现有客户分级管理，从而找出最有购买力的客户

一般来说，准客户可以分为有明显的购买意图和购买力、一定程度的购买可能、对购买有疑问这样的三类。前两类客户是要重点攻关的客户。

当得到这两类重点客户后，销售人员不要认为就万事大吉了，还要再度对他们作出判断，以辨清谁是真财神，谁是纸财神，如此才能让跟进事宜有的放矢。

通常，判断准客户的购买能力可参考两个要点：

（1）信用状况：如果准客户是企业，可从行业、所在行业的地位、所在地域等因素来判断；如果是日常消费品，则可从职业、身份地位和收入状况等因素来判断。

（2）支付方式：一般来说，一次付清的客户比分期付款的客户购买实力强。其中，分期付款的首付金额也是判断其购买力的重要因素。

销售人员可以通过银行、市场调查和相关的咨询机构了解到客户的信用程度。对于单价高、批量大的订单，销售人员一定要慎重，并请求企业相关部门对客户的信用程度作出科学评估，然后再开展后续跟进工作。

某著名电器制造商的海外事业部，接到来自欧洲的一份新客户的订货意向函。从客户提供的资料看，这是一家颇有实力的大型进口商品批发商兼零售商，销售范围覆盖欧洲三四个国家，并辐射到中亚和俄罗斯。买卖双方进一步当面接洽，主管业务员从客户的言谈、营销网络和使用的品牌等方面，了解到对方确实有相当的规模，于是立即判断出对方是一个颇有潜力的买家。

为了确定客户购买力的真实性，该企业海外市场部立即评审对方的开证银行。发现客户尽管地处东欧，但在开立信用证时，使用的多是德国、瑞士等地

知名度高、信誉不错的银行。

接下来，海外事业部又从第三方机构（银行）获得这个欧洲客户的资料，资料显示它和不少中国企业合作的历史不光彩，尤其是付款信誉不佳：该客户多次以信用证的不符点为由，推迟付款甚至漫天杀价，使不少中国企业损失惨重。

在熟知该客户的情况后，销售人员在和对方谈判时，弃用信用证的付款方式，改用T/T，收到全额付款之后再发货。同时，为了规避风险，要求每次订货数量减少，拒绝对方一次20个货柜的订单。

这个例子说明，销售人员在初步判断出准客户具有购买力的时候，立即请求企业的相关部门对准客户的购买力进行调查和确认是非常重要的。这可以有效地规避合同诈骗和无法收回货款等风险。

对于一些金额不算太大的交易，要达到快捷、准确地判断客户是否有购买力的目的，从而快速成交，可以用客户是否急需的标准作判断。因为急需的东西，常常享有资源的优先配置权，包括金钱的优先使用权。运用这一标准，须把握三个技巧：

1．个人化的。

每个人都有需求。销售就是让客户得到满意，销售人员得到实利。那么，如何找到客户享有优先权的急需呢？

有两个路径。路径一：客户个人的急需。比如：年轻人要学习，中年人要照顾父母子女，谈论这些话题必然能找到他们的急需点。路径二：找到客户单位最近急需他解决的问题。因为这个问题不仅仅是客户个人的问题，而是关系到整个企业或领导政绩的问题，也必是急需解决的问题。这个路径的优点是，高层领导的急需点比较容易找，有大量公开的信息可以查询。

2．时间要素。

无论是单位还是个人，每年都有大大小小的目标要实现。这时，如何分配这笔资金，要看哪个项目在议事日程上。如果你要销售给客户的产品不在议事日程上，他依然是个纸财神。比如，他只有3万元，但要支付儿子读书的赞助费，他就不会花3万元买你的车了。

为了准确把握准客户的购买力状况，我们可以从时间的角度，将准客户进行分类：

（1）在1个月内可作出购买决定的客户，是关键客户。对这类客户，销售人员要投入更多的时间和精力，增加拜访的次数和拜访的深度。

（2）在2～3个月内可作出购买决定的客户，是重要客户。对这类客户，销售人员要安排合适的拜访次数和拜访力度。

（3）在半年内可作出购买决定的客户，则是持观望态度的一般客户。对这类客户，销售人员只需要维持一般性的联系，并密切关注他们的购买意向变化情况即可。

3．两难的。

什么是两难呢？所谓两难，就是指做有风险，不做损失更大的事。通常，客户的大笔采购都带有两难色彩。那么，如何让客户甘冒风险把订单给你呢？答案是诱导。当然，这是基于利益权衡、理性的良性诱导。当利大于弊时，客户自然会将投资倾向于你。

假设你的一个客户是位皮鞋制造商，手中有一笔钱，但他父亲生病住院，需要钱治病，他的制鞋厂也需要这笔钱买你销售的皮革。这时你该怎么办？

最佳做法就是建议他，用钱购买你的皮革维持正常的生产，以保证赚到更多的钱，为其父治病提供资金保障。告诉他：如果将这笔资金给父亲治病了，那么工厂没有原材料就会倒闭。为了让客户渡过这个难关，可以建议客户先适度贷款为父亲治病。

六、判断出有决策权的准客户的眨眼之间

某电脑公司的一位销售人员负责北方地区的电力系统。他在拜访某省电力局时，得知用电处马上要采购一批服务器，采用公开招标的形式。他所在的公司由于事前没有来联系过，没被列入投标名单。而且几天以前招标书就截止发放，3天以后就开标。如何拿到这张订单呢？

经过一番打探，他得知只要电力局的某处长同意给他标书，就可以峰回路转，柳暗花明。于是他立即寻找这位处长。当他得知处长在省内另外一个城市开会时，这个销售人员立即拨通该处长的手机，处长压低了声音问是谁，销售人员自我介绍了以后，处长说他正在开会，让销售人员晚一点打过来。

销售人员不再有任何犹豫，果断地来到长途汽车站直接搭车赶往处长所在的城市，下车后直奔处长下榻的宾馆。经过一番常人难以想象的努力后，这个处长同意给他标书。后来他们公司拿下了那个订单。

高明的推销术推崇：找对人，说对话。这个销售人员能够做成这笔交易，一个重要的原因就是他找对了人，找到了准客户中拥有决策权的关键人物——省电力局的处长。

越早找到关键人物，成交的时间越短，成交的量就越大。判断出准客户中有决策权的关键人物出现的关键时刻要注意两点。

1．弄清准客户中谁是有决策权的关键人物。

销售的一条基本准则就是“向权力先生推销”。但在现实中，销售并不完全是买卖双方之间“一对一”的相互作用。通常公司越大，决策机制越复杂，影响购买决定的因素和涉及的人就越多，有时一笔生意要由几个部门或几个人共同决定；不同公司有不同的权力分配方式，如有的公司是工会负责发放福利，有的公司则是行政处负责，有的则是办公室负责；客户中还有这么一些人，他们不一定是有权的人，但他们的支持或反对，对你的生意成交与否有着至关重要的影响，甚至直接决定你的生意的成败。像这样影响生意成败的“关键人物”，大概可分为四类。

（1）决策者：最终“拍板”的人。决策者是最重要的人物，是销售人员重点拜访的对象。但凡事都有例外，公司总裁是最高决策者，但有时具体的决策者却是公司的设计工程师，因为是他在设计他们的合作方所需的一套方案，也就是说，总裁只是在最终结果上签字认可的人。

（2）影响者：对决策起重要影响的人。这些人的身份比较复杂，有的甚至不是客户单位的员工。但他们对你、你的公司或产品的正面或者负面评价，对决策者的购买行动可能有至关重要的影响。如有的公司是单位一把手最后决策，而真正影响生意成败的人则往往是工会主席等后勤部门主管。销售人员要做好决策影响者的工作，让他们成为你的销售助手，通过他们把正面、有利的销售信息传达给决策者。

（3）执行者：具体操作业务的人。他们关系着交易活动能否顺利进行。

（4）使用者：产品的使用者。使用者对产品的评价和态度，对能否成交同样有重要影响。如：当你卖一个玩具给小孩时，一定要让他喜欢，他妈妈才会同意买，他爸爸才会付钱。

2. 在判断出谁是关键人物之前，不伤害他的情感和尊严是至关重要的。

一位推销名片制作的销售人员来到一家公司的外贸办。当他推开外贸办的门后，看到里面有一位30多岁的女士在看报纸，一位50多岁的男士在喝茶。

他请教男士姓名后，就一口一个“主任”地叫着，详细介绍了他们的设计、印刷水平、使用的纸张和价格，并给“主任”设计了一张很有个性的名片。这位男士边喝茶边说好。这位销售人员听了很高兴。接着，男士对那位女士说：“邵主任，我们公司不是新进了一批销售人员吗？要不先给他们定做了？”那位女士头都没抬地说：“不好，不要。”原来，女的是正主任，男的是副主任。

销售人员立马又向邵主任推销，然而，纵使他舌吐莲花，也无济于事。

心理学家研究发现，人一生都在追求重要性，特别是那些领导人物，他们对此的需求比普通人强烈得多。这个销售人员伤害了邵主任的尊严，又怎能期望将业务做成呢？电脑公司的销售人员用长途跋涉含蓄地表达了他对处长的尊敬，扭转了乾坤。可见，销售人员要做好销售，走关键人物路线是没错的，但一定要事先做好调查，知道究竟谁是关键人物，并采取相应的拜访措施。

从事不同销售行业的销售人员，搜集准客户信息的方式也不尽相同。寻找一些能更有效地接近准客户中决策者的方法，就可以为客户提供更多、更有效的服务，提高销售业绩，为自己赢得更多的快乐和成就。

我们设计了一张表格，可以帮助销售人员评价接近决策者途径的有效性。

信息来源	影响决策的关键人物		
	1.	2.	3.
产品目录			
报纸广告			
广播电视广告			
内部销售人员的拜访结果			
外部销售人员的拜访结果			
其他			

第二章

约见前的 5 个重要准备时刻

“工欲善其事，必先利其器。”

在约见客户前，销售人员一定要做好准备工作，否则就会既吃闭门羹又给客户留下永不磨灭的坏印象。准备工作千头万绪，但只要抓住几个关键时刻，一切就轻松搞定。

一、8 秒钟开场白，吸引住准客户

据统计，至少有 75% 的商务往来是从电话开始的。电话预约是通往销售成功的一道大门。那么，如何在电话中做好预约工作呢？

善始方能善终。你一定要在电话接通的那一秒钟，来一段漂亮的开场白，在 8 秒钟内引起客户的注意。这是一个决定是否达到预约目的的关键时刻。无论是见过面的客户还是没见过面的客户，你的精彩的开场白给他们的好印象是非常重要的。

如何才能在预约电话中说一段让客户舒心、自己开心的漂亮开场白呢？那就要看你是否用心做好准备工作和临场发挥是否出色了。

准备工作

（1）打电话前要先核对客户的相关资料：电话号码、对方姓名、职务、称呼、职业以及他的爱好等资料。这样会让你心情放松，有助于你在通话中，营造出与客户“亲如故人”的亲切感。

（2）让声音温暖起来。好的声音可以让客户对销售人员充满期待，销售人员应学会控制自己的声音。

让声音富有魅力的一个诀窍是采用站姿说话。站着和四处走动时，呼吸更为自由，声音会显得饱满和富有质感。另外，一个让声音更有魅力的窍门是保持微笑。微笑有助于让客户感受到你的热情。

（3）准备一些问题来回答。比如，如果接电话的那个人不是你要找的人，而是他的亲人、朋友，你就要准备好应对的答案。

（4）预演你的成功。

临场发挥

做好准备工作就可以开始打电话了。电话接通时，销售人员一定要给客户一段令他舒心的开场白，并在8秒钟内牢牢抓住他的注意力。

下面向你们推荐与陌生人电话预约时，说好开场白的一个方法——5个关键用语开场白的方法，学习并运用得好的话，能帮助你们更有效地吸引客户。

1．问候。

电话接通后，若是管理阶层人员接到电话时，他们会作出积极的响应："××公司，×××。"你的第一步仍是重述对方的名字，如："×××先生吗?"切记以正式的称呼称之。这个时候×××先生就会放下手边的工作，注意你要说什么。但是，多数销售人员的开头却是："您好，×××先生！我是ABC保险公司小朱。"这种方式很快就会遭到拒绝，对方很可能就会要求你先寄书面材料，或是以各种理由终止交谈。

如果对方没有先回答，你就可以说："您好，您是×经理吗?"通常对方会回答："是的，什么事?"不要急着回答，进入下一步。

2．表达感谢与尊重。

这是让对方不会拒绝你的方法。当你重述对方的名字："×××先生吗?"对方回答："是的。"这时不要直接告知对方你的名字、公司的名字或产品等信息，因为这个时候建立关系仍太早。你可以用以下比较轻松的用语表达出你对他的感谢与尊重：

（1）很高兴听到您的声音。

（2）谢谢您接我的电话。

（3）您的时间很宝贵，我尽量长话短说。

在这个过程中，销售人员要见机行事，如果对方愿意闲聊一会儿，就顺着他。总之，他高兴了，你就成功了一半。

3. 恰当地撒饵。

撒饵是为了激发对方的兴趣。例如，你可以说："我们公司在 3 个月内帮助 10 家玩具厂减少了 12% 的生产成本。这 10 家玩具厂没有增加投入，产品品质还得到了提高。"这时你的语句要简洁而有吸引力。如果你撒饵成功的话，对方就会打断你，他可能这么问你："这听起来很有趣，能进一步说明吗？"或者，他直接表示没有兴趣。

4. 报出名字。

当对方听到你的问题后，他也就明白了你的目的，这个时候就要说出自己的名字与公司名称，让对方感到你的真实，从而增强对你的信任，建立初步的关系。

5. 结尾语。

如果电话没有被中断，你就得准备结束预约电话的开头语，进入预约的下一步了。可试着运用以下几种方式进行切换：

（1）×先生，不知道这是不是您这季/年主要的目标？

（2）您想不想在今年达成这个目标？

（3）您想进一步了解这个信息吗？

8 秒钟很短，却是决定销售面谈关键时刻中的关键，一定要慎重对待。如果是已经见过面的客户，使用以上方法效果会很好。当然，你也不妨根据见面的印象，加入更多的情感因素，让对方无法拒绝你。

通过电话预约客户，声音是一个十分重要的因素。虽然声音的悦耳与否，与先天因素有关，但大多可以通过后天努力得到改善。最易改善的是声音的情感，比如热情。销售人员的声音一定要充满热情。微笑是让声音充满感情的最佳方法。现在提供一个让你的声音在通话时充满热情的技巧。

打电话时，对着一面镜子，从镜子里观察自己的表情。对自己的面部表情越熟悉，你就越自信，越容易调控自己的感情。

在不断的训练和实践过程中，你就可以使自己拥有最佳热情状态的声音。

演练

假设你现在有客户要预约，使用8秒5个关键用语开场白的方法，设计一段开场白，并对着镜子练习。此项练习的目的要达到通过声音充分传达出热情的效果。

参考答案

销售人员：您好！是张总吧？

客户：是的。

销售人员：您好，张总。这里是××公司的客户服务部，我叫李冰冰，今天给你打电话主要是感谢您对我们公司的支持。谢谢您！

客户：没什么！

销售人员：为答谢老客户对公司的支持，我们现特赠一份价值300元的精美礼物以示感谢。礼品是一张优惠卡，只要您持这张卡，今后入住与我们公司签订协议的任何一家酒店都可以享受5～8折优惠。如果你乘坐××航空公司的飞机，机票也可享受更多折扣，还可以优先订票。

二、预约中，当客户说“NO”的时刻

当你要求与客户见面的时候，不是所有的准客户都会爽快地答应你，甚至更多的是拒绝，是“NO”。其实，这是一种正常的现象。在这个时刻，销售人员恰当地做好拒绝处理，就可以获得客户的信任，调整客户的态度，消除客户的疑虑，最终促使见面成功，为销售赢得一个突破机会。

常见的几种拒绝情况

销售人员预约客户见面时，通常会面对各种各样的拒绝，但基本上可归为以下四种情形：

1．太极推手型。

如：

“×经理，您好，我是××公司的业务经理……”

“哦，你们公司啊，我知道，我知道，东西很不错，价格也合理，只是目前我们没有这方面的需要。这样吧，留个地址和电话，我们下次需要了再和你

联系。”

2．满足现状型。

如：

“您好，我是××公司的小张，我们公司新推出了DVD……”

“哦，我们已经有了DVD，凑合着还能用，新款DVD目前我们不需要。”

3．没有时间型。

如：

“请问您是×总吗？我是××公司的，我们公司是做智能楼宇弱电工程的……”

“哦，我知道了，今天很忙，没时间，下次吧。”（啪，电话挂断。）

4．先看资料型。

如：

“您好，×总，我想简要地给您介绍一下我们的产品……”

“电话里你也说不清楚，为什么不寄些资料给我们呢？我们看过资料后，认识也多些，到时你再打电话来，就容易沟通了。”

分析与应对

分析以上拒绝情形，我们可以简要地将它们分类，并采取相应的应对策略。

1．太极推手型的分析和应对策略。

此种情况中的客户，是典型的“太极”高手。他说的是最常见的推托话。一旦知道了你是做什么的，清楚了你的来意后，他马上就开始推托了。也许他本身有一定的身份地位，所以他的拒绝是委婉又动听的，容易使销售人员产生错觉。

在这样的情况下，销售人员一定要判断这种客户的真实需求状况。太极推手型的客户在拒绝你时，通常会是两种状况：①他可能把你当成无数上门推销的销售人员，打发了事，并不很清楚你的产品和你所提供的服务。②他可能是真的没有需要。

应对太极推手型的客户，最好的方法就是找到一个和他的身份地位差不多的人，为你推荐。

“×经理，是这样的，是××公司的×经理介绍我来的，他用了我们公司的产品后感觉使用的情况很不错。我和他也成了很好的朋友，据他讲贵公司有这方面产品的需求。所以这次我带了产品的全套资料来到贵地。如果您有时间的话，希望能和您详细地交流一下。”

“哦，是这样啊，我们正在找类似的产品。资料你都带了吗？”

“全部带来了，您看……”

2．满足现状型的分析和应对策略。

大多数时候，人们的确对他们所拥有的现状很满意，并且相对“稳定”，否则他们就主动打电话给你了。因此，对销售人员来说，最大的竞争对手是现状。

“如果你的准客户已有鲜橙，那么你就给他鲜橙汁吧。”应对满足现状型的客户，你要重新定义他的需求。在没有现代交通工具的时候，人们旅行靠马车。难道有了马车就没有对汽车和飞机的需求？非也。关键是怎么样让客户认识到自己的需求。销售人员的首要任务就是重新定义客户的需求，并让客户强烈地意识到自己对这方面的需求，而不是拿自己没有需求的观点来说服自己，拒绝你的产品。

“哦，是这样，那您肯定喜欢数码产品了？”

“嗯。”

“那您一定有很多影碟了，包括各种CD、VCD、DVD，还喜欢用数码相机拍照了？”

“是的。”

“我们的最新款DVD播放机逐行扫描，使影像清晰、流畅、无闪，可播放任何光盘格式，包括DVD、VCD、CD、MP3及数码照片等，画质优良，产品

全国联保。本周五您下班后，约晚上7:00我带着样品到您家，让您感受一下效果如何?”

3. 没有时间型的分析和应对策略。

当你给某人打电话时，他通常都会说：“我太忙了。”事实上，这只是他摆脱你的一种借口。

如果出现这种情况，无论是问他“什么时间给他电话合适?”还是问“×总，我给你打电话的目的是为了跟你约一个见面的时间，您看下周二下午3:00如何?”都是得不到满意答案的。

这时，你不要胡乱猜测客户的情绪，你只需要告诉他，你的产品是他们需要的。如：

“×总，在许多客户没有了解我们的产品前，他们的回答和您的回答是一样的。”

（沉默一会儿）“好吧，那就周三下午5:30吧……”

但如果有其他的电话响起，或感觉到客户真的在忙别的事，最好下次再给他电话。

4. 先看资料型的分析和应对策略。

客户接到你的电话后，要求先看资料型的客户是最难对付的。因为你很容易误以为他真的对产品感兴趣，并且是出于审慎的缘故，才要求先看资料的。但当他们看过资料后，也许态度会变得更加审慎。

还有一个更令人头疼的问题是，这些资料通常到不了客户手中。也许资料在门卫或秘书的手中就变成废纸了。不过这不是最重要的问题，打电话的目的是得到一个面谈的机会。扭转这一被动局面的回答是：“为什么不在面谈的时候，我亲自将资料交到你的手中呢？我还可以为你更详细、更全面地谈谈产品。您看下周三下午2:00如何?”如果这样仍然预约不成功，就意味着他们对现状很满意了。

这时就不要太在意第一次接触的结果，而是继续采用应对“满足现状型”的客户的方法去改变客户的消费需求。

总之，在打预约电话前一定要有准备，对客户的可能回答都在事前作出假设，在最短的时间内回应他的问题。最好事前将与之相关的人和项目情况作个

初步的了解。事前知己知彼可提高预约质量。还有，不要被取得的胜利冲昏头脑，放下电话前每一刻都要仔细，力争在很短的时间内把问题都落实，如约下午，就要把具体时间定好，以免模糊不清而不知所措。

电话预约中，销售人员通常会遭到客户四种类型的拒绝。请设计这四种情景，并练习如何解决。写出解决方案。

三、3分钟自我激励

有一个优秀的销售人员失去了一张老板认为百分百会得到的订单。原来，见客户前的头晚，销售人员与女朋友分手了；早上乘车时，钱包又被偷了。与客户面谈时，他的情绪非常糟糕，要么心不在焉，要么答非所问。客户生气了，他就与客户对吼。

客户：我想在签单前到你们公司考察一番。

销售人员：有什么好考察的，我们又不是骗子。

客户：你怎么这么说话啊？我可是花钱的！

销售人员：我就这么说话，你花钱有什么了不起啊！

客户怒气冲冲地走了。

销售是一个与客户互动的过程，销售人员的情绪一旦被不良情绪支配，自然就只能收获不良业绩。

对销售人员来说，与客户面谈是一个重要的机会，也是一件必须慎重对待的事。在和客户面对面沟通的过程中存在太多的变数，可以称得上“一着不慎，满盘皆输”。所以，销售人员一定要做好销售前的准备工作，不打无把握的仗。其中一个重要环节就是自我激励。

自我激励是一种精神动力，它让人产生积极的想法，引导行为向更有利的方向发展。对于每天面对拒绝的销售人员来说，保持良好、积极的情绪，掌握自我平衡的艺术，是一项必不可少的修炼。

1．克服面谈恐惧。

任何一个优秀的销售人员都有过面谈恐惧感，只是程度轻重不同而已。恐惧是正常的，只要找到克服恐惧的方法，恐惧就自然逃遁了。

某著名化妆品牌的销售人员小王面对的第一个客户是马先生——一家美容院的老板。小王经过多次约见才得以见到马先生。为此，一走进马先生装饰豪华的办公室，他就紧张得不行，连说话的声音都在发抖。他结结巴巴地说："马先生……我早就想来拜访您了……现在终于来了……可是我很紧张，我说不出话来……"

这显然是一次失败的面谈。那天，他并没有向马先生推销出产品，然而，幸运的是马先生却友善地说："放松一点，我年轻时也像你这样。你向我推荐产品，我应该感谢你，给了我一个了解新的商机的机会。"马先生的鼓励和安慰给了小王比卖出产品更有价值的东西。

销售人员的面谈恐惧感往往来自于害怕被拒绝的心理。当你在面谈时，如果感到害怕，给自己找各种貌似合理的借口，以回避面谈的时刻，可以这样对付恐惧：

（1）自我鼓励。

告诉自己：害怕是正常的，害怕证明我工作认真，足够负责。

（2）深呼吸。

生理带动心理。深呼吸可以让人放松，让人感到平静。有人认为，肺活量＝胆量。

（3）鼓励自己一定要去见客户。

如果见到客户很害怕，就告诉客户你很害怕。人都有表现友好和善良的一面，也许他们也曾有过与你相似的经历。你会得到他们的安慰。

2．情绪过滤。

本文开篇故事中的销售人员的表现说明：如果他拥有愉悦的情绪，不仅可以与客户有一次愉快的面谈，还会拿到一个大的订单。

一位优秀的销售人员说，她之所以能够取得好的销售业绩，就在于她每天坚持情绪过滤。她说："世上谁没有烦恼？关键是不要也不应被烦恼支配。出

门拜访客户前，我将烦恼留在家里；回到家里，我就把烦恼留在家门外。这样，我就总能有个轻松愉快的心情。”

若是销售人员都善于做情绪过滤，就不愁在与客户见面时没有晴朗的笑容了。

销售人员遇到不顺心的事，心情不好可以理解，但客户没有心情、时间去同情和理解你。销售人员在客户面前必须控制自己的情绪，尽量表现出开朗、热情的一面。所以，销售人员在与客户见面前，就先要收拾自己的情绪，把一些不愉快的事情忘掉或者找出它积极的一面，让自己想得开。

（1）在去见客户的路上，先将不开心的事整理一番，并换个方式去思考，力求找出它们积极的一面。

（2）在途中，尽力回忆曾经经历过的美好事物。让自己不由自主地拥有好心情。

3．燃烧自己的热情。

有一个推销新人，刚接受完培训，推销经验几乎为零，也没什么产品知识，他却做成了一笔又一笔买卖。原因就在于，他用热情感染了客户。

随着时间推移，这位新人成为一名销售老手，经验丰富了，产品了解得一清二楚了，可是他接受挑战的欲望却减退了，对客户的热情也渐渐减弱。最后，他变成了平庸无棱角的推销人员。

“没有热情，任何伟大的事业都不可能成功。”销售人员在每天出门前，务必告诉自己要热情，用热情去燃烧自己，这样才能用热情感染客户。

在面见客户前，销售人员可采用一些方法让自己变得热情。

（1）告诉自己，热情，热情，再热情一些，一定要让你的客户感受到你的热情。

（2）告诉自己，我是给客户送幸福的，我是去帮助客户的，他们也在盼望我的帮助和出现。

演练

设想自己将要去见一个有决策权的准客户，对方位高权重，容貌、气度都远远高过你，你很害怕见到他。针对这次面谈，进行 3 分钟自我激励。

演练提示

自我激励在达到非常渴望见到对方的状态为最佳。具体表现就是，自我激励后，立刻就想出门，即使没有可见的对象，也想出门溜达一圈。

小贴士　销售人员心灵柔体操

越来越多的销售人员因为整天面对客户的拒绝而感觉不堪负荷，甚至严重地影响了身心健康，如造成神经衰弱、胃病、心情沮丧，或形成严重的心理疾病。关注自己的情绪，并通过放松心情来重新获得力量，是销售人员的必修课。

这里向销售人员介绍一种有效的循序式肌肉放松法，以调节情绪，舒展疲惫的身心。

❖每天安排一个时段，以 10～30 分钟为宜。

❖找一个宁静的房间，内有一张舒服的床或沙发。

❖衣着宽松，最好是纯棉或丝质的，然后躺在床上。

❖深呼吸三次，每一次吸气之后，尽量忍气不呼出，握紧拳头，感受身体的紧张，在每一次忍受不住时，再将气缓缓呼出，这时你会体会到“如释重负”的松弛感。

❖对身体各部位逐一发布“我要休息”的命令：放松，我现在感到非常舒畅；我明显感觉身体各个部位都有一种舒畅的感觉。

❖当完成手指到脚尖的松弛过程后，想象一股暖流，由头顶缓缓流向全身每一个细胞。这股暖流带来的舒适感，大大加深了全身的松弛程度。

❖静静地躺在床上或沙发上，尽情享受这难得的松弛，体会这美好的状态。

四、3分钟自我形象检查

一天，某化妆品公司的一位销售人员应约和一位女客户见面。他与客户见面谈得非常开心和投机。喝水时，他被客户一句俏皮话逗乐而呛着了，直咳嗽。当桌上的纸巾用完时，他顺手掏出自己的手绢，掩住嘴巴。但是他发现客户看他的眼光突然怔住了，并表露出一种微微恶心的表情。他低头一看，自己手中正拿着一只袜子。

结果你肯定知道，这笔交易黄了。

这个案例说明，当一个销售人员跨入用“元/秒”来衡量效率的销售行业时，你必须明白，给客户留下的第一印象是至关重要的，它往往决定着销售的成败。如果留给对方良好的第一印象，你就有了一个很好的开始；反之，如果留给对方糟糕的第一印象，销售就无法开展下去。

“细节决定成败。”在进门的一瞬间，客户就分辨出你是不是顶尖的销售人员。见客户前，销售人员花3分钟做一个自我检查是绝对有必要的。这3分钟的工作是信心的保证，是面谈顺利的保证。只有在知道自己的形象无可挑剔时，你才会将所有的激情和注意力投入到面谈的重要内容中。

做好3分钟自我形象检查，你必须先要明白销售中自我形象的含义。

销售中的自我形象

销售中的自我形象，不同于生活中的自我形象。这种自我形象有很强的工具性，是销售人员借以接近客户的工具与手段，一切要以吸引和亲近客户为目的。它最大的特点是追求与客户之间的一种相似性。

当你去见一个经营运动类服装的客户时，你穿休闲运动服，会制造出他和你一见如故的效果；如果你是个玩具销售人员，当你去见客户时，你穿着活泼些，流露出童心，客户会更欢迎你；如果你是个大型医疗设备的销售人员，当你去见客户的时候，最好是西装革履，并且力求质地精良，他在相信你的时候也会相信你的产品。

自我形象设计是3分钟自我形象检查的前提。形象设计要针对对象、见面时间和地点进行。

自我形象设计

销售中的自我形象设计是不停变换的，为了更好地表达我们对自我形象设计的概念，现举例说明。比如，你要见的客户是某大中型企业的采购经理。

你的客户对你的穿着是有期待的。你必须表现得像个中产阶级人士，这意味着你的体重必须有合乎身高的比例，外表要修饰得宜，不可以有头屑，衣服不能有脱线，指甲必须修得齐整。你的外表必须传达出这样一个信息：你是一个生产优质产品的公司的人，而不是一个不负责任的公司的销售人员。

1．衣着得体。

如果是上门拜访客户，销售人员要尽量着装正式。

男性销售人员穿合体的深色西装，干净的衬衫，干净打亮的深色低跟皮鞋，以及跷脚后长度仍足以盖住小腿的裤子和深色袜子。忌穿白色袜子。白色袜子是休闲场合穿的或门童穿的。如果你在与客户见面时，深色西装配白皮鞋，或黑色皮鞋配白袜子，很容易被客户看“扁”。以后想纠正这种印象就非常难了。

一次，广州某著名电子元件生产公司的一位销售人员穿着米色西装，戴着耳环和粗大的项链去拜访客户。结果被四川某著名电视机生产厂的采购员礼貌而客气地从办公室请了出去。此后的销售工作进展也极不顺利。

女性销售人员要穿剪裁良好、样式传统的套装，这样会给人稳健和值得信任的感觉。女性销售人员最好穿着合身的暗色套装、浅色短衫和暗色皮鞋。避免穿着短裙、低领衫和闪亮或过于紧身的衣服。

2. 鞋子要干净无瑕疵。

“鞋子是灵魂之窗。”销售人员一定要记住，去见客户时你的鞋子比你穿的衣服还要重要。鞋子的瑕疵是最不容易掩饰的，磨破的鞋跟最容易暴露，让你感到尴尬。廉价的鞋子设计粗陋，皮革弹性差，而且常常发出怪声。

某大型医疗设备公司的一位女销售人员穿着休闲装和开口平底鞋去见客户，脚趾头都露在外面。接见她的客户，觉得她是去度假而非工作的，预测将来与她合作，会在需要她的时候，找不到人，就不愿与她多谈了。

3. 配饰要精致、高雅。

配饰是展现与提升公司实力的重要工具。领带、丝巾、珠宝、皮包、公事包、钢笔及眼镜是容易吸引客户注意力和评估的配件。配件必不可少，但要坚持“少而精”的原则。

4. 头发要干净、有型，不要遮脸。

销售人员的头发要干净、有型，让人觉得你很精神。女销售人员的头发最好不超过肩部，或者就挽成结，不要让头发遮住脸庞。长发容易使女性销售人员显得不够成熟或稳重，甩头发容易让人分心，虽然不见得有引诱人的意图，但看起来可能会是那个样子。

设计好了自我形象，只是减少了我们被客户挑剔的概率，并不代表我们在见客户前不需要做自我形象检查。事实上，3 分钟的自我形象检查，常常能有效地挽救许多不可弥补的损失。

某俱乐部的高级客户主管王女士说，她的车中，有备用的鞋、衣服、丝袜，以及必备的化妆品。每次见客户之前，她都会花3 分钟检查自己的形象。如果发现有不合适的地方，她就可以立刻弥补。她认为给客户留下良好的第一印象是销售成功不可忽视的环节。

自我形象检查程序

（1）头发是否干净、整洁、有型。如果发现头发乱了，可立刻喷一点水，让头发看上去整齐、有型。

（2）衣服是否整洁、干净。如果发现衣服有褶皱，赶紧用手将其弄平。如果褶皱在容易发现的部位，在面谈时你可用巧妙的话语进行解释。

（3）鞋是否干净、闪亮。如果发现鞋子不干净，赶快用随身便携的擦鞋器打理干净，或找擦鞋的人擦干净。

（4）检查个人清洁。指甲是否干净，是否修饰整齐。如果不干净，立即洗干净，并将不整齐的指甲修饰整齐。

（5）牙齿是否干净。牙齿上，千万不要有残留的异物，而且最好看上去洁白、健康。如果不够干净，要马上采取措施，可以嚼一片口香糖。

（6）口气是否清新。有些销售人员因为抽烟或身体状况的原因，口气常有异味，这很容易在与客户近距离交谈时，引起客户的不适。如果发现有这种情况，可以事先嚼口香糖，也可以用清洁口气的喷剂。

女性还要增添以下几项：

（1）妆容是否干净。女性适度的修饰，是尊重客户的体现。但脱落的妆容，效果相反。如果发现妆容脱落，应立即补妆。

（2）丝袜是否完好。如果是穿裙装，女性一定要看自己的丝袜是否完好。

如果发现有破漏，要想办法掩盖，不宜掩盖的话，立即换上备用的。

（3）内衣、衬裙是否得体。一定不能让客户看见内衣和衬裙。

下表为自我检查评分表。

项目	评分	原因	改进措施
发型			
衣着			
鞋			
个人清洁			
牙齿			
口气			
妆容			
丝袜			
内衣、衬裙			

说明：最低1分，最高5分。男销售人员得分在25分以上为合格，女销售人员得分在36分以上为合格。

演练

假设你是一位化妆品直销员。你要去见一位非常有钱、皮肤敏感的女客户，她只喜欢不含任何香精和酒精的以天然成分为主的化妆品。根据这位客户进行自我设计，并检查自我形象和给自己评分。

五、3 分钟情景预演

世界上每一部戏都源于想象。

——芭芭拉·哈里森

许多成功人士在做事之前，都要对做事过程进行情景预演。例如，优秀运动员在比赛之前对动作进行情景预演：跳远运动员在正式比赛之前，模拟起跑、起跳以及落地；篮球运动员站在罚球线上，进行无球状态的投篮模拟。有了这种情景预演，效果往往非常好。

科学研究表明，如果人们在执行任务的时候，事先在内心对理想结果进行预演的话，我们的额叶大脑皮层——大脑的一个部分——将被全面调动起来，极大地激发我们去积极地行动。情景预演越充分，任务执行情况就会越好。

如果销售人员希望与客户的面谈达到预期目的，就有必要在面谈前进行一场 3 分钟的情景预演。

北京亚运村的一位汽车销售人员说：每次见客户之前，他都会做情景预演。这让面谈的效果出奇的好，销售业绩自然也就好了。

一次，一位客户要买一辆 SUV 车。这个客户是个做工程的小老板，有些爱慕虚荣，也有些大大咧咧。但他的老婆是个心细的人，

一些他没考虑到的细节，她都会为他考虑到。汽车销售人员要卖给客户的车是一辆抵款车，出厂已经半年了，有一些不易发现的瑕疵。

在见这个老板前，他就预演了面谈中的一些细节：如何取悦这对夫妇，如何恰当运用计算器报价，如何应对他们对车的挑剔，如何向他们介绍车的真实情况，如何让他们觉得买下这辆车非常合算等细节。

面谈的情况和他预演的情景很接近，整个面谈过程他占了主导优势，一切都向着他牵引的方向前进。

在面谈前，销售人员可用3分钟预演三方面的内容：一是预演面谈中一些重要的场景，并预演在这些场景中，如何表现得更出色，让客户更满意；二是预演面谈中可能遇到的一些难点，并找出应对这些困难的好方法；三是面谈心理准备预演：借助预演战胜自己的胆怯。

假设你要见一家信誉良好、购买力强的大公司的物料部陈经理。陈经理家境优越，毕业于名牌大学，专业知识扎实，处事稳重、务实、颇有原则，待人温和但不易看透，说话幽默风趣，观察能力和领悟能力都是一流的。你已电话约定本周三下午2:00去他的公司与他面谈采购事项。

你公司的PE颗粒与国外竞争对手的产品比，价格便宜，可以送货上门，免运费，但对制胶工艺要求较高，产品成色比进口产品差，然而却不影响成品颜色。

如何做好这次面谈呢？

预演重要场景

1．如何问候和寒暄。

推门后见到陈经理，

（1）微笑着说：“陈经理还在忙啊？要注意休息哦！我是……”

（2）微笑着说：“陈经理我……很高兴见您！”

2. 如何切题。

（1）开门见山式。

如：

“我今天来主要是为了向您介绍我公司的产品……”

（2）间接引进式。

如：

“贵公司生产的热缩带，主要是用进口 PE 颗粒吧？我看过了产品，很不错，但成本好像高了些，如果换一种不影响产品质量、价格更低的原材料……”

3. 如何赞美对方。

如果他的办公桌上有一些很别致的笔筒或装饰品，你可以通过赞美这些东西达到赞美他的目的。

4. 如何介绍你公司的 PE 颗粒与同类竞争产品的优势。

“我公司的 PE 颗粒质量比进口产品略差，但贵公司的制胶工艺非常出色，用我们的 PE 颗粒制造出来的热缩带，仍然会是非常好的，一点也不会比现在的热缩带质量差。而且我们的价格只有进口 PE 颗粒价格的一半……”

5. 观察他对公司的产品是否感兴趣。

特征：

（1）当你介绍完后，他微微颔首，若有所思。

（2）他仔细询问关于产品特征的信息。

（3）他要求看产品资料等。

预演面谈中的不利情景

1. 面谈时间很短，该如何处理。

当你们正谈得颇有状态时，突然秘书来了，说有个重要客户从国外打长途来了，要他去接电话。

他很抱歉地说，面谈只能结束，他会将情况向财务部和制造部反映，到时再跟你电话联系。

这时，你要礼貌告退，让他觉得你是善解人意、素质很高的销售人员。

2．当他认为品质不佳时，该如何处理。

如果他说："我们没用过你们的产品，不知道成品质量究竟如何。万一质量不好，我们的损失就大了。"

这时，你要拿出你们的权威质检报告，及其他客户的使用情况反馈调查表。这会打消他的一些疑虑。

3．面谈心理准备。

在预演中，把自己想象成一位非常优秀的与陈经理志趣相投的销售人员。

在预演中，充分想象自己的一举一动，每一个动作都是极具亲和力的。

在预演中，把自己定位为有扎实知识功底的学生，让陈经理觉得你是位稍加雕琢就不可多得的人才。

总之，为了实现目标，你要先在心里对你想要达到的目标进行视觉化处理，让它真正进入你的心灵，被潜意识所接受，激发你的创造潜能。面谈前的情景预演要遵循以下几个原则：

（1）想象自己穿着客户的鞋子在走路，即站在客户的立场上想问题。

（2）想象所销售的产品的优越性，并想象如何运用这些优越性去满足客户的需求。

（3）想象所有的不利都是可以扭转的。

（4）想象一个美好的面谈结局：客户希望了解更多的产品信息，并承诺愿意积极促成交易的成功。

（5）想象自己的愿望在轻松的气氛中实现了。

假设你是上节案例中的化妆品销售人员，仍是去见那位女客户。针对此次面谈进行情景预演，并写出预演内容。

第三章

拨动客户心弦的 7 个 3 秒钟

“机会只有一次。”销售人员能留给客户第一印象的时间只有 7 ~ 30 秒。这 7 ~ 30 秒钟，客户已初步确定要不要和你接触，要不要购买你的产品了。因此，销售人员一定要把握好给客户留下美好的第一印象的关键时刻和细节。

一、3 秒钟内，给客户最强烈的视觉冲击

销售人员要先学会销售自己。客户像照相机，在他见到你的一刹那，就将你的形象永久地定格在他的心中。第一印象一旦形成，就很难改变。

有心理学家曾做过一个实验：把被试者分为两组，同看一张照片。对 A 组说，这是一位屡教不改的罪犯。对 B 组说，这是一位科学家。然后让被试者根据照片来分析这个人的性格。结果 A 组说：深陷的眼睛藏着邪恶，高耸的额头暗示他死不悔改。B 组说：深沉的目光表明他思想深邃，高耸的额头表明他执著探索的意志。

这个实验说明，第一印象形成肯定的心理定式，会使人在后继了解中多偏向于发掘对方具有美好意义的品质；第一印象形成否定的心理定式，则会使人在后继了解中多偏向于揭露对方令人厌恶的品行。

因此，销售人员在与客户见面的 3 秒钟内，要调动全身每一根神经，抓住客户的眼球，使客户觉得你是一个成功自信的销售人员。

马克·吐温说："服装建造一个人，不修边幅的人在社会上是没有影响的。"

服饰覆盖了身体接近 90% 的面积，当你出现在客户视野的一瞬间，往往他还没有看清你的容貌，来不及揣测你的心理状态，但大面积的服饰已经给出了重要的暗示。你给他的第一印象已经通过你的服装建立起来了。

美国一位总统的礼仪顾问威廉·索尔比说，当你走进一个房间，即使房间里的人从没见过你，但是他们从你的外表就可以对你作十个方面的推断：经济水平、受教育程度、可信任程度、社会地位、成熟度、家族经济地位、家族社会地位、家庭教养情况、是否是成功人士、品行。

你已经做过自我形象检查了，但这只是保证你给客户强烈视觉冲击的前提。那么，如何在与客户见面的3秒钟内，让你得体的衣着给客户一个强烈而又愉悦的冲击呢?

达·芬奇说："精神应该通过姿势和四肢的运动来表现。"衣服是死的，人是活的，死的衣服要变得生动，并且抓住客户的眼球，有赖于销售人员用适宜的肢体语言将衣服的魅力展示出来，使服装与气质相得益彰。当然，这里的肢体语言不是模特展示服装的肢体语言，而是能让客户"爱上你"的肢体语言。

当你与客户见面时，你的一举一动，在客户眼里都意味着特定的态度，表达特定的含义。以下几个销售情景，说明了销售人员如何在3秒钟内，从视觉上给客户留下美好的第一印象。

1．上门拜访大医院的外科主任。

如果你是某大型医疗设备——专治肿瘤的射频治疗仪生产公司的销售人员，你与某甲级医院的普外科主任约好周四下午3:00到他的办公室见面。

假设你今天穿了深蓝色××牌西装、××牌皮鞋，提了××牌笔记本电脑。你于下午2:50到达了某医院普外科，在医院护士的带领下，来到了普外科的办公室。护士为你敲开了主任办公室的门。

当你站在护士身后时，你一定要抬头挺胸，站直身体，这样会让你合体的衣服显得更有型和挺括。深蓝色的西装、××牌笔记本电脑、整洁有型的头发，会让客户觉得你是个有修养、稳重和值得信赖的人，你的公司有实力，产品品质不错且有较高的知识和科技含量。

2．上门拜访小杂货店的老板。

如果你是某饮料公司的销售人员，要去拜访一个温和而朴素的小杂货店老板。你要穿着便于骑车和行走的休闲便装，还要带上要推销的饮料样品和宣传广告。

当你到了小店门口时，要尽量随意和自然，露出见到他很高兴的微笑，并且大声而随意地和他打招呼。你的衣服让他觉得你很亲切，这样会让他觉得你是个和他一样实在的生意人，他才会愿意购买你的产品。不要穿得过于正式或华丽，这会让客户觉得你不是在推销利润很薄的快速消费品，甚至他会认为你赚了他很多钱，更无法激起他对你的友好和帮助你的心情。

当你走向他时，手中要多拿几张宣传画，让他看见你给了他很多优惠，很尊重他。

3. 在咖啡馆或茶馆见客户。

如果你是个寿险推销员，你和某位女士约定周二下午2:00在某咖啡馆见面。你穿着质地优良的深蓝色西装、浆洗得很白的衬衫，系着紫红色的暗花领带，看上去精神、稳重，过着有品位的生活。

当你到达咖啡厅时，那位女士还没有来，于是你拿起咖啡厅的《时尚·伊人》翻阅，并且根据那位女士给你的印象，刻意留意一些比较适合她的服装，和她比较喜欢的女性话题。

当她准时到达时，你立刻站立起来，挺拔的身姿、优雅的风度、诚挚的微笑，让她立刻喜欢上你。总之，你必须调动你身体的全部细胞去展示你迷人、优雅的品位和精英人士的特质。

当你精心策划了自我形象后，还要在与客户见面时，用恰当的肢体语言把你的服装恰当地展示出来，让客户立刻爱上你。记住，如果你想销售成功，就要从服装上表现出你与客户的相似性，让客户觉得你像他自己一样值得信任，你推销的产品正是他所需要的。

演练

假设你是某保健品公司的一名女销售人员，你和一位大妈约好给她的家人介绍你公司的产品。根据情况进行自我设计，并力求在3秒钟内，给她的家人一个强烈的视觉冲击。

二、3 秒钟内，给客户一个印象深刻的微笑

有3个外科医生在吹嘘各自精湛的医术。

甲说：我给一个人安了胳膊，他现在是全国有名的拳击手。

乙说：我给一个人安了假腿，他现在是全球著名的短跑运动员。

丙说：你们的医术都不算什么！不久前，我给一个白痴换上了笑脸，他现在成了世界上最伟大的推销人员。

这当然是个笑话。白痴再怎么会笑也不可能成为优秀的推销人员，但没有笑容的聪明人同样成不了优秀的销售人员。

一个优秀的销售人员，要会微笑，并且要在恰当的时刻，给客户留下一个印象深刻的微笑。这个微笑，最好是在与客户见面的3秒钟内，就映入客户眼帘。如果你在3秒钟内，不能给客户一个微笑，客户就会认为你对他很冷淡，你不尊重他。在产品极为丰富的今天，如果你不能让客户感到舒心，他为什么一定要把钞票花在你的产品上呢？他完全可以花同样的钱，买到满意的产品，满意的服务。

微笑是一个经典而永恒的提升销售业绩的法宝。人们拒绝苦瓜脸，拒绝无表情的脸，但人们不会拒绝笑脸。真诚的微笑，传达出你对客户的友好和关爱；真诚的微笑，表明温暖和开阔的胸襟，带给客户信心，同时赢得客户对你的关注。微笑让客户感受到如沐春风般的温暖，给他们活力。但切忌皮笑肉不笑，那样会让人觉得别扭。你一定要发自肺腑地笑，要眉开眼笑。

在见到客户的3秒钟内，用微笑驯服他们，让他们爱上你。这看上去很难，但有人做到了。他就是日本寿险推销之神——原一平。原一平身高 1.45 米，与别人相比，实在没有任何优势可言，可是他的微笑却是所向披靡的利剑，征服了无数客户。他的笑也被誉为“价值百万美金的笑”。

原一平的微笑不是天生的，而是后天勤学苦练的。现在就开始微笑训练，为拥有价值百万美金的微笑努力！

1. 训练目标

甜美的、善意的、真诚的、自信的习惯性微笑，如一块美味的巧克力，叫人垂涎欲滴！

2. 训练口号

笑吧，尽情地笑吧！笑对自己，笑对他人，笑对生活，笑对一切！

3. 训练工具

一面镜子。

4. 微笑模式训练五法

（1）拇指法。

双手四指轻握，两拇指伸出，呈倒八字形，以食指关节轻贴颧骨附近；两拇指肚向上，放于嘴角两端 1 厘米处，轻轻向斜上方拉动嘴唇两角。反复多次，寻求你最满意的微笑状态。

（2）食指法。

轻握双拳，两食指伸出，呈倒八字形，放于嘴唇两角处，向斜上方轻轻拉动嘴角。反复多次，找到你最满意的微笑状态。

或双手轻握，伸出食指；两拳相靠放于下巴下方，两食指放在嘴角两端，向斜上方轻轻推动。反复推动多次，一直找到满意位置为止。

（3）中指法。

两中指伸出，其余四指自然收拢、半握；两中指肚放在嘴角两端，轻轻向斜上方拉动。反复多次，寻找最满意的微笑状态。

（4）小指法。

两小指伸出，其余四指自然收拢，半握；两小指肚放在嘴角两端，轻轻拉动嘴角。反复动作，直到找到满意的微笑状态为止。

（5）双指法。

双手拇指、食指伸出，其余三指轻轻握拢；用两拇指顶在下巴下面；两食指内侧面放在嘴角处，向斜上方轻轻推动。反复多次，直到满意为止。

或双手拇指、食指伸出，其余三指握拢；将两食指按放在两眉上外端；两拇指放在嘴角处，向斜上方轻缓拉动。反复多次，直到满意后，欣赏定格，再留存记忆中。

5．训练步骤

（1）每天早上起床对着镜子，进行微笑模式训练。

（2）配合眼部运动。

（3）做各种表情训练，活跃脸部肌肉，使肌肉充满弹性；丰富自己的表情仓库；充分表达思想感情。

（4）观察、比较哪一种微笑最美、最真、最善，最让人喜欢、乐于接近、回味。

（5）出门前，心理暗示“今天真美、真高兴”。

6．微笑训练方法

（1）他人诱导法——朋友之间互相用一些有趣的笑料、动作引发对方发笑。

（2）情绪回忆法——通过回忆自己的美好往事，幻想自己将要经历的美事引发微笑。

（3）口形对照法——通过一些相似性的发音口形，找到适合自己的最美的微笑状态。如“一”“茄子”“呵”“哈”等。

（4）习惯性佯笑——强迫自己忘却烦恼、忧虑，假装微笑。时间久了，次数多了，就会改变心灵的状态，发出自然的微笑。

（5）牙齿暴露法——笑不露齿是微笑，露上排牙齿是轻笑，露上下八颗牙齿是中笑，牙齿张开看到舌头是大笑。

1．创设环境训练：假设一些场合、情境，让同事们观察自己的表情，让笑脸绽放。

2．微笑服务训练：多参加公司的礼仪迎宾活动和招待工作。

3．具体社交环境训练：遇见每一个熟人或打交道的人都展示自己最满意的微笑。只有当你的微笑能打动熟人的时候，才会给客户一见如故的亲切感。

4．试着用微笑化解矛盾，用微笑打动客户，用微笑塑造自我成功的形象。这有助于化解你与客户第一次面谈时，因意外引起的小小不快。

三、3 秒钟内，给客户一声热情的问候

当我们与客户的距离越来越近的时候，我们要在 3 秒钟内给客户一声热情的问候。

如果你的服装让客户觉得你值得信任，你的微笑让客户感到温暖，但如果你不能在 3 秒钟内给客户一声温暖的问候，你就会让客户感觉到你是个不善言辞，甚至是经不起考验的瓷花瓶。这种感觉的形成甚至要不了 3 秒，1 秒钟就可以了。也许你认为它无伤大雅，但小细节构成大形象。销售人员唯有抓住每 1 秒钟，用心展示自己，让客户爱上你，才能销售成功。

记住一个要点：3 秒钟内送上一声热情的问候，就会产生积极的效果。

王军和李斌同去见客户，王军在见到客户查理时，给了查理一声热情的问候："Hello，查理，很高兴见到你。我终于见到您了。"而李斌只是礼貌地问候了一声查理。结果，在接下来的面谈中，查理和王军谈得非常愉快，李斌成了配角。更有意思的是，王军在整个交易过程中都与查理保持非常好的联系，最后他们成了朋友。

王军与李斌对待查理的态度不同，他们在整个交易中的地位也就因此不

同。这是由于初次见面的问候，就已经奠定了他们在这笔交易中所处的地位。

3 秒钟内，送上一声热情的问候，包含了这样几个要素：速度快（眼快，嘴快），态度积极，简洁有力，真诚。如此看来，这一句问候也不是随随便便就可以说好的。有道是："天下大事，必作于细。"

速度快

人们常说快人快语，其实就是形容那种在人际交往中，一看见别人就立即送上热情问候的人。这种人也常常受到别人的欢迎。所以，销售人员在与客户见面时，一定要眼快、嘴快，用热情的问候为面谈营造一个暖意融融的氛围。

态度积极

"积极的人像太阳，照到哪里哪里亮。"快是态度积极的外在表现。但态度积极不仅仅是眼快、嘴快，还包括思考如何给客户最热情、最得体的问候，以及用怎样的表情，怎样的语调把问候表达出来。同样一个问候，不同的态度，表达出来的效果就不一样，客户接受到的感觉也不一样。特别是同时见几个客户时。

如：

"杨总，您真精神！幸会，幸会。"

如果这句话重音在"幸会，幸会"上，就表明，杨总是个重要人物，你为见到他感到荣幸。如果客户中有几个老总在一起的话，这样的问候，就恰当地传达出，你对他们一把手的尊重。作为一把手的杨总自然很受用。

如果这句话的重音在"您"上，就表明杨总精力充沛，别的客户没精神，特别是和一两个颇有影响力的老总同时见面时，就不太妙了。或者，如果杨总本来就很年轻，精力充沛，有活力是应有之意，无须提醒。在这样的前提下，你这样说，就很不明智了。

简洁有力

问候，是一场谈话的引子，就像一首歌曲的基调。销售面谈越轻松越好，这就要求销售人员要善于运用简洁有力的问候，为整个销售面谈定下轻松愉快的基调。

真诚

人无信不立。以诚相待，才能得到别人的信任和理解，才能受到别人的欢迎，成为朋友。客户都是在生意场上摸爬滚打的人精，你的问候语真诚不真诚，他们一听就知道。你的语气、表情会泄露你内心的秘密。

问候语

问候语根据你所接触的客户的阶层、年龄、性别、见面方式和地点的不同而不同。

如果你是一位保险销售人员，初次拜访一位经人介绍的经营服装店的老板，你一见到他，也就是说在3秒钟内，就要送上你的问候：“×老板，生意

好啊？”

假设你是电路开关代理商的销售人员，通过电话预约，去拜访一位设计院的老总，见面的问候就是：“×总，您好！”此时不必太多的话，除非你拿得准，否则言多必失。但表情和语调一定要谦和，要不卑不亢，让他感到舒服。

如果你是一位手机销售人员，在一休闲场所，与一位客户见面。在见到客户的3秒钟内，你可以表现出见到他非常高兴的神态，并热情地问候：“×先生，终于见到您了。”

如果你是位寿险推销员，客户是位优雅的知识女性，在3秒钟内送上的问候可以是：“张小姐，您真是又漂亮又有气质。很高兴认识你！”问候的口气可以在正式的基础上，多一点轻松和随和，还可以添加一些简短的赞美。

演练

假设你是一位药品公司的销售人员，要去你负责的区域——四川省绵阳市——拜访一位通过电话预约的吴总。你见到吴总的3秒钟内，怎么问候他呢？

假设你是一位著名化妆品的形象顾问，你通过电话预约了一位美容店的老板毛女士。你见到毛女士的3秒钟内，如何问候她呢？

演练提示

在演练中，问候要力求做到速度快、态度积极、简洁有力、真诚，达到让客户立刻喜欢上你的效果。

四、3 秒钟内，送上让客户心花怒放的赞美

赞美是对别人最强有力的认可方式。赞美对人们来说就像呼吸一样重要，人人都需要有人认可他的外表、气质、业绩等。赞美别人最容易获得对方的好感，最容易击垮对方的心理防线。因此，销售人员在与客户面谈时，一定要在见面的头 4 分钟内，花 3 秒钟赞美你的客户。3 秒钟的赞美，会让你的客户更加信任你，从而接受你的产品。

不要认为 3 秒钟很短，在这 3 秒钟内，足够把你的客户赞美得心花怒放，只要你采用正确的赞美方式。

张颖是一位化妆品销售人员。一天，她和朋友小邓一起去见小邓介绍的一位客户——罗莎。

当这位客户出现在茶馆时，张颖被她的美貌和气质吸引了。客户罗莎身材苗条，皮肤白皙，一头黑发如瀑布般垂下。设计简洁的粉色套装将她的身材与皮肤衬托得很完美。当小邓和罗莎相互问候打趣时，张颖欣赏、赞美的眼光和微笑传递出她对罗莎的诚挚赞美，并用热情和熟络的口气说："早听说你是大美女，名不虚传啊。中央电视台的一位主持人××像你呢！"

自恋的罗莎毫不客气地收下了这份赞美，也收下了张颖推荐的 3000 多元的护肤、美容套装。

张颖对客户罗莎的赞美有许多可圈可点之处：

（1）时间把握得非常好。见到罗莎的一瞬间就表现出来了。

（2）方式应用得非常好。她采用了眼神、微笑和语言三位一体的组合赞美术。

（3）赞美有力度、含蓄又令人受用。她将罗莎与中央电视台的主持人相比，含蓄地表达出，罗莎是集美貌与智慧于一体的美女加才女。

要给客户一个心花怒放的赞美，首先要发现客户的美。

发现客户的美

当销售人员面对一个女客户时，外表是赞美的第一个材料资源库。你可以去赞美她头发的黑亮、牙齿的洁白、嘴巴的性感、身材的魔鬼、着装的时尚、手机的别致等。内涵是赞美的第二个材料资源库。你可以赞美她气质高雅、声音甜美、谈吐有趣等。

当销售人员面对一个男客户时，你可以赞美他西装的高档、皮鞋的优雅、发型的得体、领带的别致、谈吐的幽默等。但赞美的重点应在他的内涵、气质和成就感。一个成熟的男人，最渴望有人能发现他具有与众不同的能力，具有对事业和对生活高度的责任心。

总之，要力求发现客户身上的优点，最好是发现他自己没有发现的优点，或是他渴望你发现的优点。当然，一眼就知道的优点，怎么强调也不过分。

无论你多么善于发现客户的优点，如果你不能用恰当的方式将它表达出来，资源也不能变成业绩。因此，你要做的第二件事就是赞美客户。

用语言去赞美

语言是赞美的外衣。但这件外衣一定要漂亮合体，客户才乐意穿它。销售人员在赞美客户之前，一定要将赞美的语言根据客户的特点剪裁得当。

当你赞美一个女客户的衣着时，最好不要直接说她这件衣服多么好看。这样的话语容易让人感觉你是在赞美衣服，而不是赞美她本人。你可以说："这件衣服您穿在身上，就是与众不同。感觉有一种说不出来的美！"如果实在要说衣服好看，可以这样说："您这件衣服真好看，您的眼光真好！"这样赞美的重点就是她的欣赏水平了。当你要赞美她内在气质高雅时，你要说："您平时一定是很爱读书吧？因为古人常说，腹有诗书气自华。我觉得你浑身上下有一种说不出的韵味。"时刻记住——女人是感性的。她非常渴望看见她的人把她身上的优点讲给她听！

当你赞美一个男客户时，你要赞美他的成就。有时，你可以这样说："您有今天这样的成就，一定是付出了常人不能付出的艰辛。"有时，你可以带着真诚且肯定的语气说一句："我想您一定是××（有名气的）大学毕业的吧！"虽然你不清楚他是小学未毕业的还是毕业于名牌院校的。

有位销售人员，当她看着一个穿着一般、一脸沧桑、满脸皱纹的中年男性，她只说了一句赞美的话，就做成了一笔生意。这句经典的话就是——"叔叔，您脸上每一道深深的皱纹都是一个您为家人倾情付出的辛酸故事呀！"

还有一位销售人员也因为在与客户见面时，说了一句赞美的话就促成了一笔交易。当那位客户正在和他的几个客人谈话的时候，那位销售人员进去了。客户问："小伙子，你有什么事呀？"销售人员说："我是××公司的销售人员，我曾经读到过您发表在××报上的一篇文章——《理性对待改革，积极投身改革》。我深受启发，觉得您对国有企业改革的见解很深刻，特意来拜访您。"客户立刻就满面春风了。结果不言而喻。

赞美不能一成不变。赞美的对象变了，地点变了，时间变了，环境变了，客户的心情也就变了。销售人员要想有更好的业绩，就要创造更经典的赞美词，并记在脑海中。在见到客户时，根据情况就会脱口而出。

用眼神、表情去赞美

"含情脉脉""暗送秋波""眼睛会说话"，都说明眼神的力量非常大，也完全能肩负赞美客户的重任。

在与客户见面时，口未开，眉先笑，就已经传达出：您很优秀、您很漂亮、您很有气质等你想传达给客户的欣赏和赞美。

不用担心你不会用眼神传情达意，不用担心客户接受不到你发送的赞美秋波。通过练习，一切就是那么简单。

1. 训练目标

练就奕奕有神、顾盼生情、会放电的、会说话的眼神。

2. 训练口号

让亲善的目光成为你传达赞美、欣赏的使者！

3. 训练道具

一只飞翔的鸟、一个迅速移动的物体和一面镜子。

4. 训练方法

（1）让眼光追随飞翔的鸟或迅速移动的物体，如快速前进的汽车，一直到看不见鸟或汽车为止，这可以锻炼眼睛的灵活性。

（2）对着镜子进行训练。可以训练让眼神传达更为丰富的表情。

5. 训练步骤

（1）眼部操分解动作训练 。目的是熟悉眼部肌肉的构成，锻炼肌肉韧性。

①眼球转动方向——平视、斜视、仰视、俯视、白眼等。

②眼皮瞳孔开合——大开眼皮、大开瞳孔，开心，欢畅，惊愕。

③眼睛眨动速度快慢——快，不解，调皮，幼稚，活力，新奇；慢，深沉，老练，稳当，可信。

④目光集中、持续2秒——认真，动脑思考；深情，喜欢，欣赏，重视。

（2）眼神综合定位 ：以上要素凝结在一起综合表现。注意细微的变化，淋漓尽致地表现富有内涵、非常欣赏和赞美的眼神。配合微笑的嘴形，放松的体态，目光集中、持续2秒地看对方，就能很好地表达对客户的尊重、欣赏、赞美。

眼神、表情都是无声的赞美语，将眼神、表情和赞美语三者结合起来，就可以在见到客户的3秒钟内，有效地打开客户的心理防线。

演练

1．购物时，观察导购的眼神，并注意眼神和态度之间的关系。模仿、运用他们运用得当的眼神，避免让客户不舒服的眼神。

2．在与不同年龄、不同性别、不同职业、不同性格、不同背景的人见面时，尝试用语言、眼神和表情向他们传达你对他们的欣赏和赞美。

演练提示

1．不能对客户长久盯视，眼睛眨动不要过快或过慢。过快就显得贼眉鼠眼、挤眉弄眼或不成熟，过慢则显得呆板木讷。

2．女销售人员要习惯眼部化妆，或清新亮丽，或端庄沉稳，以突出眼神。有个性而让客户感到舒服的眼神会给客户留下美好而深刻的印象。

五、3 秒钟内，找到最利于交流的位置

“空间能说话。”古代皇帝高高在上的龙位，代表了皇权的至高无上和不可侵犯；结构复杂的教堂利用彩绘玻璃及从塔顶泻下的阳光，暗示了上帝的神圣、爱与仁慈；老板办公室的布置、办公桌的摆放及老板椅的位置，表明了他的权力与地位。

因此，销售人员在与客户见面时，要花 3 秒钟选择一个好位置，用这个位置来控制和引导整个销售面谈。一旦选错位置，就会迅速地在客户心中留下不佳印象，或在面谈中被客户控制，影响销售的进展。选择位置的 3 秒钟决定了销售成败，是毫不夸张的说法。

销售人员乔先生到宁波的一家公司拜访一位姓张的部长。乔先生刚进门，张部长就说要开会。张部长很傲慢，打了个手势：“你等我一下，散会后我们再谈。”说完就开会去了。

25 分钟左右，张部长出来了，见面就对乔先生说：“我只有 15 分钟的时间，你有什么事就快说吧。”说完，往椅子上一坐，接着腿跷到了桌子上。

在这种情况下，乔先生意识到展开销售面谈是很难的。他的第一直觉告诉他，他必须找到一个合适的位置，这个位置既要打消张部长的嚣张气焰又要有利于面谈。于是，他说："张部长，您开了这么长时间的会，一定很累。我们先不谈生意，您先喝水休息一下。"接着乔先生给张部长倒了一杯水送了过去。乔先生将水端到了张部长的面前，但没有放下去。那一瞬间，张部长坐不住了，急忙把腿放下，站了起来，双手把水接下："乔先生，我们屋里谈。"结果他们谈了40分钟，最后生意做成了。

乔先生在张部长坐在椅子上，并将脚放在桌子上的那一瞬间，就知道他必须选择一个位置，利用这个位置将自己置于面谈的主导地位，在气势上胜过张部长。于是他采用绵里藏针的手腕为自己赢得了一个有利的面谈位置。

通常，一个合适的位置包含四个重要的因素：环境、空间布置、安全距离和便于交流的方位。销售人员要确定一个合适的面谈位置，最先要明白这些要素各自在面谈中的作用。

环境和空间布置

在面谈中，环境和空间布置作为一种非语言符号，向人们传递出无声的信息。销售面谈中，通常有两种面谈环境：正式而严肃的办公环境和非正式、较轻松的休闲环境。办公环境有办公室、会议室和生产现场等，休闲环境有咖啡厅、茶馆及其他娱乐休闲场所。

空间布置包括桌椅的选择、摆放位置和摆放角度等，这些要素既能营造出宽松、融洽的交流氛围，也能制造出紧张、威严的审判式氛围，从而对面谈的顺利开展有着不容忽视的影响。销售人员要根据面谈环境和空间布置迅速选择合适的面谈位置，努力营造出平等、开放的沟通氛围，从而促进面谈的有效进行。

安全距离

距离是无声的沟通语言，距离的远近暗示出人们的亲疏关系。美国人类学家把美国人际安全距离分为亲密距离（intimate distance）、个人距离（personal distance）、社交距离（social distance）和公共距离（public distance）四种。其中亲密距离、个人距离和社交距离是适合面谈的安全距离。

亲密距离为0～0.46米，适用于销售人员与客户关系很亲密的情形，这种距离最利于交易的达成。当销售人员与客户之间关系不够亲密或初次见面时，亲密距离会有威胁对方、侵犯对方的意味。

个人距离为0.46～1.2米，适用于销售人员与客户关系较熟，彼此比较信任的时候。

社交距离为1.2～3.6米，大多是在销售人员与客户初次见面，且销售人员比较被动的时候。因此，在销售面谈前，销售人员要尽量选择最适宜的面谈距离。当然，在一对多或多对多的面谈方式中，社交距离是很合适的。

根据中国人身高、面谈对象、熟悉程度、客户态度和面谈环境的不同，销售人员与客户之间的安全距离的界定也不同，通常应为0.5～3.0米。

面谈方式	熟悉程度	面谈环境	客户态度	安全距离
一对一	不太熟悉	会议室、办公室	热情、礼貌	1米左右
	不太熟悉	会议室、办公室	冷漠、傲慢	1～2米
	熟悉	咖啡厅等休闲场所	热情、礼貌	0.6～1米
一对多	不太熟悉	会议室、办公室	热情、礼貌	1～3米
	熟悉	会议室、办公室	热情、礼貌	0.6～2米
	熟悉	咖啡厅等休闲场所	热情、礼貌	0.6～2米
多对多	熟悉程度不一	会议室、办公室	热情、礼貌	0.6～2米
	熟悉程度不一	咖啡厅等休闲场所	热情、礼貌	0～1.5米

在实际工作中，安全距离的范围主要取决于销售人员与客户关系的亲疏。销售人员与客户关系的亲疏程度主要由销售人员和客户相处的能力，主持、控制面谈的技巧决定。因此，销售人员要善于拉近与客户的心理距离，从而缩短与客户的安全距离。

方位

方位作为面谈中一个容易控制的因素，销售人员要善于选择合适的面谈方位，促使销售成功。以下几种方位是销售中一对一的面谈方式经常使用的方位。

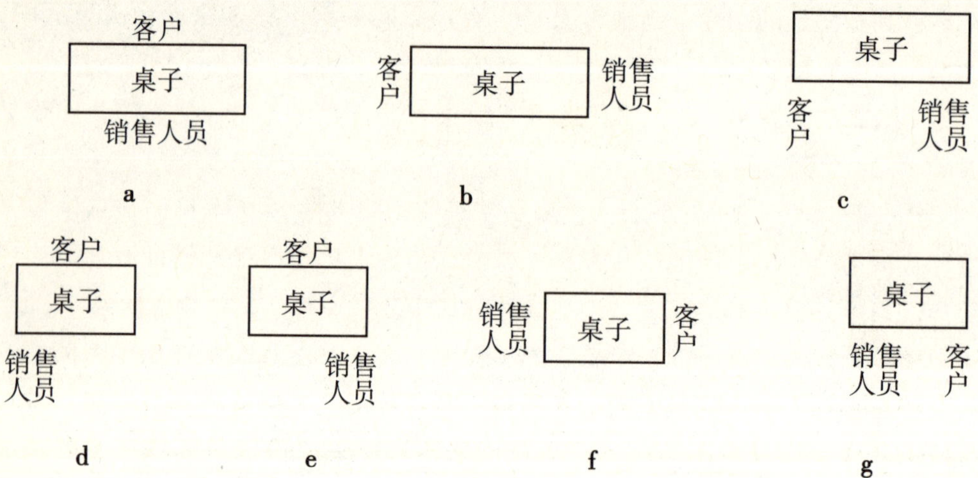

d、e的面谈方位，大致描述了你在与一位职位较高、较傲慢的客户在宽大的办公室里面谈的情形。为了取得好的面谈效果，你要勇敢地走到离对方距离较近的位置，过远的距离和过于宽大的办公室，会给你形成一种压力，你会因为对方的权威而不能轻松自在地表达自己的观点。最好的办法是，你要想法让客户主动改变与你谈话的方式和方位。就像那位乔先生所做的一样。

面谈中最好是能够形成a，b，c所示的谈话方位，避免d，e，f，g所示方位。a的方位比较适合不需要资料或资料容易看明白的面谈。b，c所示方位适合需要动笔为客户讲解的情形。因为客户在你的左手边，这样既利于你动笔写字、画图，同时也方便他看和听，而且很容易给他造成你是“顾问”的心理。

某著名品牌的销售培训师在给销售人员培训时，一再强调销售人员要坐在客户的右手边，就是为了销售人员能充分利用这个方位为客户讲解产品知识，达到客户自觉接受产品的目的。

当然，由于客户办公室的具体方位不一样，以及拜访时间的不同，阳光或灯光造成的明暗变化，都会无形中影响到你和客户之间的心理距离和面谈气氛。因此，销售人员要在见到客户的3秒钟内迅速选择好利于面谈的位置与方位，不要被动地等待客户的安排。如果无法改变的话，就要采取语言和肢体语言来弥补位置上的不利。

好的位置使你在面谈中居于主导地位和有绝对的影响力，引导客户更积极地与你交流，促使交易顺利达成。因此，选择位置的3秒钟，是销售人员要高度重视的关键时刻。在这3秒钟内，销售人员要根据决定一个好位置的四个因素，为自己选一个“统治”客户的“龙位”。

根据你在销售过程中与客户面谈的情形，再度设计你与客户面谈的位置。所选的位置一定要利于你控制和主导整个面谈。

演练提示

阳光也是影响面谈位置的一个因素。在演练中，要注意面谈的时间、面谈环境所处的方位与阳光的关系，尽量避免阳光给你的面谈位置造成不利的影响。

六、3 秒钟内，与客户热情地握手

美有静态与动态之分。销售人员与客户会面的过程，不仅是外在衣着的展示，也是一系列礼仪风采的展示过程。在这个过程中，销售人员的每一个礼仪动作都必须充满热情、礼貌和传递出礼仪应有的内涵。每一秒钟，客户都在给销售人员评分，评分的结果，最终影响到交易是否成功。所以，你怎么可以不在 3 秒钟内，与客户热情地握手呢？

秋阳是 A 公司的销售代表，小萱是 B 公司的销售代表，他们同去参加一次招标销售面谈。他们在 ××公司的会议室等待销售面谈会议的开始。当 ××公司的经理们走进会议室时，秋阳站起来同他们握手，而文静的小萱坐着不动。在会议中，经理们更有兴趣听秋阳讲话，也对秋阳提出了更多的问题。小萱试图表达她的观点，但发现经理们并没有认真听她讲话。

生意就是谁占主动权，谁就赢得市场。握手是一种无声的动作语言。先伸出你的手与别人握手，会给对方留下一个深刻的印象。握手的力量、姿势与时间的长短也能够表达出销售人员对客户的不同礼遇与态度，显露自己的个性，给人留下不同印象。

借助握手给客户留下深刻的印象

销售人员在与客户会面时，一定要记住握手的要领，在握手的3秒钟内，给客户留下一个热情、可靠的印象。

销售人员与客户的握手要领可用三个词概括：主动、热情、有力。

1. 主动。

当销售人员与客户会面时，销售人员要主动与客户握手。销售人员主动上前，在距客户约一步远时，上身向前倾斜45°，两足立正，伸出右手，四指并拢，手掌伸直，虎口相交，拇指张开下滑，与客户握手。

2. 热情、有力。

握手时要热情、有力，要通过握手迅速传达出你对他的喜欢和爱戴。

3. 握手应注意的事项。

（1）戴着手套与人握手是失礼行为，即使你的手套十分洁净也不行。因为"十指连心"，握手，是让双手相握触摸时传达双方的内心情感。戴着手套就意味着你不愿意与对方进行情感交流，也就没有握手的必要。戴着手套与别人握手的后果可能是相当糟糕的。

一位销售人员到某公司拜访一位客户，碰到客户立刻伸出戴着手套的手要与客户握手。客户顾左右而言他，装着与下属说话，似乎没看见他的手，搞得这位销售人员非常狼狈与被动。最后，客户应付了这位销售人员几句，就离开了。

男士在握手前先脱下手套，摘下帽子。女士可以例外。当然，在严寒的室外也可以不脱，但也应先说声："对不起。"

（2）握手时，不要与客户握得太久，一般以在3～5秒钟内握两三下为宜。如果握手时两手一碰就分开，时间过短，好像在走过场，你就会给客户留下害羞胆小或是对客户怀有戒心的印象；而时间过久，则显得有些虚情假意，如果对方是位异性，甚至会被怀疑为"想占便宜"。

（3）如果要表示自己的真诚和热情，握手时间也可稍长，并上下摇晃几下。但握手时也不可过分热情，造成用力过猛或上下摇摆不止，让人觉得你不懂礼貌，素质太差。不要太用力，但漫不经心地用手指尖"蜻蜓点水"式去点一下也是无礼的。

（4）握手时男女有别。当销售人员在与女客户会面时，在对方不先伸手的情况下，销售人员也不可伸出手来要求握手，而且握对方的手时，销售人员只可握其1/4的手指部分，以表示尊重。

（5）销售人员在与客户握手时，要微笑、问候、致意，不要看第三者或表现得胆怯。

（6）当你在与客户握手时，不妨说一些问候的话，可以握紧对方的手，语气应直接而且肯定，并在加强重要字眼时，紧握着对方的手，以此加强客户对你的印象。如：

握手时应双目注视对方，通过双方的目光形成一个情感的"闭合回路"。边握手边说："您好！您好！终于见到您了，×经理（总）！""很高兴见到您！"等等。

握手可赢得销售工作的主动权

美国著名盲聋女作家海伦·凯勒说："我接触的手，有的能拒人于千里之外；有的充满阳光，让你觉得很温暖……"握手，可以了解对方的个性，从而赢得销售工作的主动。

当客户与你握手时，如果他用掌心向下的方式来握住你的手，表明这位客

户是一个有着强烈支配欲的人，他用这种方式告诉你他不在乎你。通常这种客户也的确拥有实力和实权。你一定要非常尊重他，让他感到自己得到了应有的尊重。只有在与他熟悉后，他才会对你和气。

掌心向里握手显示出对方是个温和有礼的人。通常这种客户是容易接触的，但他也可能因为温和，常常显得没主见，很在意别人的意见。与他相处时，要善于通过他得到其他重要人物的信息。

当对方的手掌处于垂直状态时，表明这是个善于社交的客户。通常他表现得很礼貌，你不容易从他那里得到你想要的重要信息。你必须给他提供他真正需要的东西，他才乐于与你接触，否则你对他的投资是无效的。

演练

1. 假设你是某著名饮料和食品公司的重点客户经理，现在正在与某大型超市的采购经理会面。练习与他握手。

2. 回忆你与客户握手的情形，回想哪些握手动作是适宜的，哪些握手动作是不适宜的。改进不适宜的动作，再进行演练。

演练提示

注意握手的要点。一定要主动、热情、有力并面带微笑。

七、3秒钟内，让客户“爱”上你的第二张脸——名片

与客户面谈就像在表演一段芭蕾舞，每一个时刻，都要让客户感到赏心悦目。因此，当你给客户递名片时，你一定要让客户在3秒钟内爱上它，才能确保客户收藏它，你才会赢得更多的销售机会。

客户爱上你的名片需要两个理由：一是名片很出色，二是你很出色。名片的出色体现在名片的特点，你的出色体现在你递名片的礼仪。

名片的特点

很多人认为名片很小，不值得好好投资。这是个错误的观念，他们没有意识到对名片的恰当投资将会给他们带来巨大的回报。一张设计精美的名片为你塑造了一个良好的形象，打造了第二张漂亮的“脸”，也吸引了更多的商机。

一张漂亮的名片需要具备的特点是：美观、识别性强、信息量充足、易记。

美观漂亮的名片会给人强烈的视觉冲击，从色彩、图案、版式、手感都会让人感到舒服，不由自主地发出一声“赞叹”。

名片是销售人员的自我介绍信和社交联谊卡。名片起到向客户推广自己的企业形象、说明个人身份的作用，是销售人员个人形象和企业形象的一个有机组成部分。所以，名片一定要有企业识别标志，便于客户将你与其他企业的销售人员进行区分。

一张小小的名片肩负了很多重任，它负责传达出企业的名字，你的名字、职务、销售品类与范围及你的5种联系方式：地址、固定电话号码号码、传真、电子邮件及手机号码。信息量充足是名片最大的一个特点。

易读易记的名片才能有效地传达信息。信息量充足的名片，往往字体很小，虽然勉强可以阅读，但阅读的人常常感到吃力。特别是一些近视眼和一些上了40岁的阅读者，认清这些字是一件痛苦的事。为了便于别人记忆，可以将信息分散在名片的两面，也可以将名片设计成折叠式的。同时，名片上不要使用繁体字，否则别人会因为不认识这些字，而将其打入“冷宫”。

递名片的礼仪

设计精美的名片可以让客户印象深刻，但递送名片的时机和礼仪却是一门学问，比名片本身留给客户的印象更深刻。

递送名片的三个步骤：

（1）从西装的内袋或公文包里取出名片夹。

（2）站立起来，用右手或双手自然地将名片递到客户手中。名片应以正面朝上，并便于客户能顺着读出内容的方向递送给客户。

（3）递送名片时，要轻声说出：“我是××公司的销售人员×××。”这样既体现了对客户的尊重，也在客户脑中强化了销售信息，加深了你在客户心中的印象。递名片时，销售人员一定要面带微笑。

注意事项

（1）在商务交往中，关于名片有一个约定俗成的“三不准”说法。一不准是，不得随意涂改名片；二不准是，不准提供两个以上的头衔；三不准是，一般不提供私人联络方式。

（2）制作名片时，有三个技术指标要认真对待。第一个指标是规格。规格就是名片的尺寸，国际规格一般是6厘米×10厘米，国内通用规格为5.5厘米×9厘米。第二个指标是材质。一般应选择再生纸。第三个指标是色彩。色彩宜淡雅，建议选择单色、浅白色、浅黄色、蓝色、灰色。

（3）名片的字体应该用规范的印刷体和楷体。

（4）名片一定要保存好，不要将名片搞得皱巴巴，边破角烂的。保护名片的一个好方法是，将名片装在专用的名片夹里。这样，名片就整齐有序，不易丢失。应避免把名片放在钱夹里。因为在递出名片时，要把钱、票据等都拿出来对人亮相一番，是很不雅观又失礼仪的。

（5）当你恭敬地递出你的名片时，必须看清楚名片上是否印着你的名字，特别是在集体交换名片时，很容易便会弄错。试想，对一个连自己名片都会弄错的人，别人怎敢信任他。

（6）名片夹要放在西装的内袋里。因为你在给别人递送名片时，别人通常也会回赠你他的名片。如果你把名片夹随便往裤兜里放，既显得不雅，又让人觉得没得到应有的尊重，谁也不愿意自己受到轻视。

演练

假设你是一位医药代表，现在正在与某甲级医院的副院长进行第一次面谈。练习递送名片的步骤。

演练提示

在递名片时，一定要进行自我介绍。自我介绍的声音一定要有感情色彩，一定要微笑。

第四章

面谈中的 7 个重要时刻

销售面谈是决定销售成败的关键环节。在这个关键环节中，优秀的销售人员要善于自己造势，善于蓄势制造让客户心服口服的关键时刻；在这个关键环节的关键时刻，优秀的销售人员要做优秀的“消防队员”，善用十八般销售兵器巧灭客户怒火，让交易转危为安；在这个关键环节的关键时刻，销售人员要善于运用“围、追、堵、截”的战术，“俘虏”客户。

一、把握与客户有相似点的瞬间

人与人之间的相似点越多，越容易成为朋友，越容易沟通。因此，在与客户进行面谈时，销售人员就要善于寻找、制造与客户之间的相似点，把握与客户有相似点的瞬间，并引导客户，直至交易成功。

寻找与客户的相似点，目的在于建立彼此间的契合关系。如何寻找相似点，建立契合呢？

寻找共同话题

寻找共同话题的目的，是让客户认可你这个人，让你走入他的心里。如此，销售方不是难事。

某网站的销售人员薛群想将产品销售给王先生。王先生是湖北人，40 多岁，在广州番禺开了一家税务师行。凭经验，薛群知道，与这类对网络不太熟悉的且比较保守的客户接触，很难有共同语言。于是在见客户前，薛群进行了精心的准备。

首先，薛群向家人了解上辈人的生活情况，上网查询税务师行业发展的状况，向同事了解湖北的地方风貌等。然后又进行了一次情景预演。准备好后，她才去拜访王先生。

见面时，薛群向王先生简单地介绍了产品后，就跟王先生聊天。跟他聊他的同行，广州的天气，湖北的天气，学生时期的生活，两辈人的思想差异……他们相谈甚欢。在他们聊了半个小时后，王先生跟她说："小薛，开门见山地讲吧，你来的目的是什么？我可说清楚啊，我跟你聊得好不等于我一定会买你的账啊！"

薛群说："那当然啦。其实我来的最终目的说到底就是想您买我的产品，不过更主要是想和您聊聊天，看能不能准确地找到您的需求，向您推荐合适的产品。"

王先生笑呵呵地跟她说："想不到你这个小姑娘还挺老练的啊！"

接下来薛群就将话题巧妙地回到她销售的产品上。虽然客户对互联网不熟悉，但经过几番讲解，王先生仍签了单。

薛群巧用共同话题，制造了成功引导销售的时机，卖出了产品。事实上，销售人员要找到与客户的共同话题太容易了。天气、新闻、身边发生的事，客户的外表、相貌、穿着等都是话题的源头。比如在拜访客户时，穿与客户着装风格相近的服装，就是个不错的话题，可以有效地引导客户的思路。

善于表达你的同理心

在销售面谈中表达同理心与赞美客户一样重要。在你就某件事情表达出对客户的同理心的瞬间，就表明了你与客户站在一起的立场，你理解和关心他们的瞬间，就是融化他们的心的时刻。

面谈中有如下几种表达同理心的方法：

（1）向客户表示你同意他的观点。如果客户是个很有见地的人，当他说出某些很正确的观点与看法时，你一定要不失时机地表示你同意他的观点。

客户：质量好是很重要，但成本太高，生产出来，客户不买，投资就打水漂了。

销售人员：张先生，我认为您关于成本优先的看法很正确。

或：张先生，你那样做绝对是有益的。

客户：对孩子的培养要舍得投资，但不能盲目溺爱。比如，给孩子吃名牌、穿名牌，过于宠爱，反而会助长孩子的攀比心理。

销售人员：张先生，我完全同意你的观点。

（2）向客户表示他的想法不是单独的，其他人对此也持相同观点。当客户提到一些敏感的话题，特别是涉及钱的问题时，要站在对方的立场上看问题，并表示他的观点很有代表性和普遍性。

客户：质量好是很重要，但成本太高，生产出来，客户不买，投资就打水漂了。

销售人员：张先生，尽可能地降低成本，这对任何一家企业都很重要。

客户：对孩子的培养要舍得投资，但不能盲目溺爱。比如，给孩子吃名牌、穿名牌，过于宠爱，反而会助长孩子的攀比心理。

销售人员：张先生，我的另一位客户对孩子的培养也持与你同样的观点。

（3）向客户表示他所关心的需求或问题未被满足所带来的后果。

客户：质量好是很重要，但成本太高，生产出来，客户不买，投资就打水漂了。

销售人员：张先生，如果成本降不下来，那后果可真的无法想象。

客户：我要买就买好的品牌电脑，杂牌电脑经常死机。

销售人员：张先生，电脑经常死机，的确既耽误工作，又影响心情。

（4）向客户表示你理解和体会他目前的感受。如果客户与你谈起什么不愉快的往事，你一定要向他表示你理解和明白他的感受。

客户：今天出门就遇见交警，又罚款又扣分，心情极不爽！

销售人员：张先生，我理解您现在的感受，以前我也遇到过。

客户：上次在你们厂进的棉服，简直卖不出去。想换还不给换。我们没什么好谈的。

销售人员：张先生，如果我遇到这样的事情，我也会这样想。

表达同理心时，要点之一就是你讲话的内容要和你讲话的语气、面部表情一致！如果客户告诉你他与你们曾有过不愉快的合作，你仍面带微笑而热情地说："我可以理解你的感受，但是现在不同了。"客户一定会甩头就走。如果你

真的理解他的痛苦和失望的经历时，你的心情是沉痛的，面部表情，肯定是有些沉重，语气也是低沉的，语速是慢的。在这个时刻只有这样，才是最恰当的，也只有这样，才能让客户认为你真的理解他的心情。

通过模仿制造相似点

除了用语言来寻找与客户的共鸣外，销售人员还可以用模仿的方式来与客户产生共鸣。模仿制造的相似点让客户直觉地认为你跟他个性很近，因而信任你。由于模仿无声无息，客户很难察觉到，所以获取客户信任的效果特佳。

做好模仿有两个条件：一个条件是敏锐的观察，另一个条件是不断调整。销售人员可以两个人一起来练习模仿。其中一人扮演模仿者，另外一人扮演被模仿者。一开始让被模仿者在一两分钟内尽可能做出各种生理上的变动，例如，脸部表情、手势、呼吸以及其他大大小小的动作。模仿者一边认真观察、仔细模仿，一边记录，然后跟实际作比较，你会发现有许多地方做得并不精确。不过当你做久了，熟悉了数百种生理变化的表情后，就能自然地模仿出与客户相同的状态来。

模仿制造的相似点不仅能与客户产生契合，还能引导客户的行为让他跟着你走。不管你们有何差异，不管你们有何分歧，只要你能和他产生契合，借着引导和伴随的技巧，用不了多久，你就可以调整客户的行为，让他顺着你的思路走了。

有一个买建材的销售人员去拜访一位客户。当他进了客户的办公室，发现那位客户把脚放在桌子上，嘴里叼着烟，睥睨地看着销售人员说："哪来的？"那个销售人员不理睬他，也一下子坐在沙发上，把脚往茶几上一放，头一歪，叼着烟，说："××来的。"客户一下乐了："小子跟我找碴来了。有啥事说。"就这样，这个销售人员成功地将他的建材卖给了这位客户。

相似点的契合拥有如此神奇的沟通力量，销售人员一定要善于发现、制造与客户的相似点。在你与客户产生共鸣的瞬间，你要巧妙地引导、调整他的思想和行为到你的销售路线上来。

演练

1. 两个销售人员一组，自设情景模拟销售人员与客户面谈的情形，运用寻找共同话题、表达同理心、模仿的方法制造彼此有相似点的瞬间。

2. 两个销售人员一组，一人扮演模仿者，一人扮演被模仿者。被模仿者要尽量假设自己是客户，以客户的身份做表情。模仿者要认真观察被模仿者，达到把被模仿者引导到自己的思路上来的目的。

二、向客户展示专业度的时刻

"专家一句话，百姓十句话。"就是说专家在人们心中有比较高的地位，专家的语言带有权威性。的确，专家的身份有利于抹去功利的色彩，因此，专家的话能有效地影响和控制人们的行为。如果销售人员具有较多的专业知识，能为客户提供专业的咨询，当人们在购买一些技术含量较高、花费较多的产品，或第一次经历这些事情，身边又没什么朋友时，他们一定什么都问销售人员，什么都听销售人员的，甚至恨不得将整个购买的差事全部交给销售人员，自己甩手不管，乐得清闲。

可见，销售人员向客户展示自己的专业度的时刻，是决定销售业绩好坏的关键时刻。

销售人员的专业度主要体现在为客户提供满足需求且性价比最高的产品。下面是一位装修业务员以专业的方式为客户提供服务，成功地获得了装修订单的案例。

我们公司的情况你们基本了解了。现在就来谈谈你们最关注的设计！设计的水平影响房屋的使用面积和居住的舒适程度。

（提出了客户最看中的需求点，站在客户的立场上想问题，很容易引起共鸣和客户的信任。）男主人点点头，女主人也说："我们也希望房屋的使用面积最大化。"

我先讲解一下我根据你的房型进行的设计，如果你们有什么看法，有不满意的或是要改动的尽管告诉我。

我们从进门开始说吧。进门自然要有一个鞋柜，鞋柜的位置很有讲究，我把你们家的鞋柜设计放在门口。这样能更合理地使用空间，看上去也美观一些。

（这样设计为客户节约了空间，出门、入门穿鞋脱鞋便利，也利于维护房屋的清洁。）

旁边就是厨房。你们家厨房长，但宽度不足，我给你们做一个"L"形的橱柜。这样在里面炒菜非常方便也比较宽敞。

然后来到客厅。如果说之前按你的房型来布置的话，那扇门就不能做鞋柜了，就会在客厅这做一个鞋柜或是玄关之类的。不过做了这个玄关之后，问题立即出现了。一进门就会感觉有种压抑感，觉得屋子很暗、很小，就像要绕过一座大山才能看到日出一样。这样会很不舒服的。

（以专业的眼光，形象的语言，表述出客户自己构想和设计中的不当之处。让客户心服口服。）

不加任何东西，光线很充足、很通透。沙发选一组样式简单、色彩亮净的，就让整个装修风格显得简洁、清爽和富有现代感。客厅和餐厅成一条直线。吃饭了，三两步就过来了，多方便。还不影响看电视。

关于餐厅。餐厅很大，足够放张四人餐桌或六人餐桌。家里来了客人，一起吃顿饭，非常好。加上几盏造型简单的彩色吊灯，很温馨，很有情调。

阳台上，种上绿色植物，放眼一看，赏心悦目的。花开时，窗一开，满屋飘香，这日子过得，啧啧……

（生动地描绘了一幅美丽的家居图，充分调动了客户的视觉和嗅觉，让客户非常向往。语言也富有感情色彩。）

再说说电视背景墙。从长远来看，做一个和整个屋子风格接近的电视背景墙，比买一个花哨的好。做一个简单的就与整个屋子风格很协调了。

（细节与整体兼顾，还为客户省钱，非常得客户的心。）

从客厅来到洗手间。你家的洗手间位置非常好，在房屋中间的隐蔽位置，既方便又不影响美观。洗手间虽不大，但我给你做了一个隔断，靠门这边放面盆和洗衣机，另一边是洁具和喷头，晚上回家累了，冲个澡什么的，非常舒服。

（引起共鸣，富有感情。）

然后就是三间房。让我来逐一讲解。先讲小孩房，房间的设计比较简单，只有三件东西是必要的：床、衣柜、书桌。

老人的房间……

再就是主卧室和主卫了。你们的这个房间面积大，摆放的东西也很合理。房子好就是容易设计。（及时赞美。）

总体来说，客户对这番设计和讲解很满意。整个设计注重了细节和整体的和谐，注重了使用面积的最大化与居住的舒适性。同时也恰当地注重了客户的参与性和感受。销售得非常顺利。

分析以上案例，我们可以看出这位销售人员向客户体现了3个方面的专业度：第一，知识专业；第二，销售态度专业；第三，销售技巧专业。

销售人员如何从这3个方面体现自己的专业度呢？

1．知识专业。

知识专业包括行业知识专业和产品知识专业。只有具备了这些专业知识，才能给客户提供全面优质的咨询与个性化服务，赢得他们的信任。

需要专业知识的产品，大多技术含量高、花费大，如批量采购、团购等大宗产品销售，或者是个人消费中的汽车、冰箱、电脑等，或者是客户第一次经历的事，如结婚、祝寿、生育、买房、装修等。

这些购买行为的发生，需要客户有更多的理性思维，行动上也显得十分谨慎。因为这或是代表集体行为和利益，或涉及投资风险，或关系命运的转折，总之意义重大。要促成这些交易的成功，销售人员一定要具备专业知识，才能为客户提供周到、全面、细致的服务。

如集团批量采购时，销售人员要提供性价比最高的产品，才能确保客户的成本与赢利；个人购买大宗产品时，销售人员也要提供性价比高的产品，才能满足客户对产品保值、使用方便、短期利益不至于损失太重的心理；对于客户未经历之事，如结婚、生育、装修等，对于客户来说，钱、财、物、人际关系等千丝万缕杂糅在一起，很希望销售人员用专业知识给他们提供一个完美的兼顾各方面的购买方案。

2. 销售态度专业。

这里的销售态度主要是指销售人员对客户的态度，这个销售态度决定客户愿不愿意买。

销售人员对客户通常持两种销售态度：一种是利己型销售态度，即为销售人员自己赢利的态度；另一种是利他型销售态度，即帮助客户的态度。这两种态度最容易影响客户的购买情绪。

两个很有经验的销售人员为同一家公司推销同种产品，用同样的推销术语，却产生完全不同的客户反应。为什么呢？就在于他们的态度不同。客户认为，一个是在操纵自己，另一个则是在帮助自己。前一人认为自己从事销售工作的目的是满足自己的需求，而另一个人则把客户的兴趣和需求牢记在心，明白实现自己目的必须先帮助客户实现其利益。这种态度让这位推销人员十分重视通过各种途径帮助客户满足其需要。他把客户视为需要帮助的人，而不是视为工作对象、嘲笑的目标或傻瓜。

在与客户交往的过程中，客户会看出你对他的态度。销售人员不可能长时间地隐瞒自己的态度。你所持的态度不是增加商品的销量，就是降低商品的销量。

3. 销售技巧专业。

销售技巧，就是一些用来达到销售目的的细节小事。销售技巧有销售礼仪技巧、语言表达技巧、客户需求探询技巧和促成技巧等。专业的销售技巧，让客户得到尊重、呵护和宠爱。专业的销售技巧在销售中就是完善销售人员自身的点金棒、和顾客交往的润滑剂、成功交易的催化剂。

演练

1. 假设你是个电脑销售人员，向一个刚工作不久的女客户，推荐某品牌一款新上市的PC机。自设销售话术，主要突出行业知识和产品知识的专业度。

2. 假设你是某日化产品的销售人员，正在与一小超市的老板面谈。面谈的专业度主要体现为销售态度和销售技巧。

三、当道德与利益发生冲突的时刻

为了迎合人们的消费心理，厂家常常会出于这样或那样的目的给客户一个又一个“美丽的谎言”。有的谎言无伤大雅，有的谎言却掩盖了祸患。这些“美丽的谎言”在不同程度上损害着客户的利益。当销售人员销售这些产品时，该如何面对产品、“美丽的谎言”和客户呢？该如何平衡道德与利益的冲突呢？

此时，权衡利弊得失，作出正确的选择和引导对客户和公司都是非常重要的。这直接影响着销售的成败以及销售量的大小，也是衡量一个销售人员是否优秀的标志，是展示一个销售人员魅力的时刻。

面对各类客户和不同类型的“美丽的谎言”时，销售人员要根据情况斟酌对待。

当销售被刻意美化和夸饰的产品的时刻

厂家不仅要给客户制造完美的产品，还要给客户制造完美的理想。为了满足人们追求高品质生活的理想和愿望，厂家有时会有意识地利用心理因素制造一些无伤大雅的“谎言”，让人们掏更多的钱，买心目中的理想。其实这种时候，销售人员应该小心对待，认真处理，让客户得到他们想得到的需求，小小的瑕疵不要夸大到无法忍受的程度，否则你才是真正让客户利益受损的人。

秦小莉是个出色的售楼小姐，以专业的销售态度和出色的销售技巧得到客户和公司的认可与称赞。但是，有一次她在高层的议论中得知，售楼书里讲的“全进口洁具”实际只是东莞产的二等品，楼盘中还有不少类似的以次充好事例。极度的惊讶冲淡了她内心对销售楼盘这份工作的自豪与挚爱。后来再向客户推销楼盘时，她失去了原有的从容，底气也没有那么足了，似乎耳边一直有个声音在对她说：“骗子，骗子。”每当这个时刻，她都心神不宁，销售业绩也在察觉不到地下降。

“瑕不掩瑜”，这个词很适合形容秦小莉销售的楼盘。她在向客户推荐产品时，应该根据客户的需求和个性，或忽视这个小小的瑕疵，或诚实而公正地指出这个小小的瑕疵。让客户得到满意的房子和真诚热情的接待才是最重要的，而不是纠缠在这个问题上。

下面是几个针对这个时刻的贴心小建议：

（1）花一点时间，衡量公司的宣传和夸饰给客户造成了多大的损失。再画一张表格，一边列出产品带给客户的好处，一边列出给客户的不利，特别是公司夸饰的部分。通常你会发现，这个小小的“夸饰”其实没那么刺眼，甚至有些“可爱”。你销售的仍然是优质的产品。

（2）每当接待客户的时候，先在脑中放一部自制的5秒钟短片，短片的内

容全是关于产品是如何优秀和出色的剪辑，这可以有效地排除脑中的负面影响。

（3）更加专注地接待客户，认真了解客户的需求，满足他们真正的需求。你会发现，很多客户并不太关注这些无伤大雅的细节。或诚实地指出这个瑕疵，客户会因为你的真诚，更乐于签单。

当销售设计有重大缺陷的产品的时刻

某些产品，特别是一些结构复杂、技术含量高的产品，如设备、汽车等产品，它们可能存在一些设计上的缺陷，由于技术的不完善，其问题在使用中才逐渐暴露出来。但有些客户不知情，仍提出要购买，此时你该怎么办呢？

小刘是某设备厂的销售人员。他们销售的一套设备，在使用过程中，暴露出重大的设计缺陷。公司已经开始着手改进这套设备，并准备暂停生产与销售。一天，小刘的一个客户说想买这套设备，用于改进生产流程。

小刘感到非常为难，不知道该怎么办。他多希望卖掉这套产品，拿到不菲的佣金啊！但他又觉得不能害了这位客户，让他蒙受损失！

小刘在得知这个信息时，应从兼顾客户利益和公司利益的角度出发，根据情况或说明实情或采用模糊战术，另找更好的时间和地点把实情对客户说明，建议客户等设备改进后再签单。这样可以赢得客户的信任和支持。

当销售人员遇到这种情况时，迅速权衡客户利益、公司利益和自己的利益是让问题得到全面解决的核心！以下几个贴心小建议是为处于这个时刻的销售人员准备的。

（1）当得知产品有设计缺陷的信息时，先假设有客户要购买这个产品，你该怎么办的情景。自己预设好解决方案以备急需。

（2）当客户提出要购买该产品时，就要站在客户的立场上想问题，可以技巧性地告诉他，改进后的产品性价比更高，建议他推迟购买计划。比如，这样对他说："陈总，我们公司的产品现在正在进一步完善和改进，我建议你晚一点买。反正价格不变，性能更好。到时我再帮你争取点折扣，就更合算了。"

当销售具有威胁健康的产品的时刻

很多产品，如部分食品、药品、保健品，存在威胁使用者生命健康的隐患。当销售人员在销售这类产品时，一定要告诉客户，让客户根据情况慎重使用，一定不能为了追求销售额，隐瞒实情。否则，当事态变得严重时，受损的是公司和销售人员自己。

某药品在治疗一种病时，有比较明显的疗效，但同时也有比较明显的副作用，厂家在使用说明书中，刻意避开。销售人员小张在向他负责的地区推荐这种药时，有意识地淡化了这种副作用。部分病人使用该药后出现了严重的过敏反应，医生怕惹上麻烦，都抵制用此类药。

另一位销售人员小兰，针对这种病无特效药的情况，相信产品有市场。在推荐时，她既说明疗效，又说明副作用，建议医生在开药时，采用减小用量和支持性治疗的方法，有效地发挥了药的治疗作用，同时控制了副作用的发生。因此，她取得了好的业绩。

关键时刻，销售人员所持的销售态度、所用的销售技巧可以有效地影响客户的购买态度。为了让销售进入良性循环，销售人员在向客户销售这类产品的时候，要坚持用以下几点来指导自己的行动。

（1）摆正心态。销售事关人们健康的产品时，销售人员一定要有一颗责任心，一颗为公司利益、客户利益，更是为消费者的利益负责的心。

（2）在自己力所能及的范围内，将产品的副作用说明，让客户、消费者一起想办法减轻副作用。

当然，销售人员向公司反映问题，让公司重视问题，不断将产品完善也是非常重要的，这才是真正消除安全隐患的最佳方法。任何一个渴望成长的公

司，都会重视这些关系到公司生死存亡的问题。

当道德与利益发生冲突的时候，诚恳的态度、巧妙的销售技巧是销售人员必备的法宝。在这种时刻，销售人员一定要过自己这一关，既不能盲目地放大产品的缺点，增加对公司的敌对情绪和自己对客户的负罪感，也不能抱着侥幸的坑蒙拐骗心理，只看眼前利益，而是要用爱心和为客户服务的行动、巧妙的销售方式、合理的解决方案和建议，让客户理性地看待产品的瑕疵、缺陷与利益、好处。这会让客户觉得该公司是值得信任的。很多时候，客户都会因为销售人员的真诚而买下产品。

演练

Rose 是一位女鞋销售人员。不知是什么原因，两双颜色相近、款式相同、号码一样的红色皮鞋各剩下一只，一直也没人来换。为了处理这双鞋，老板告诉她只要 10 元钱就可以卖掉。一天，来了一位女客户，她爱上了这双可爱的红色皮鞋。当客户准备付钱时，Rose 内心挣扎得非常厉害。如果你是 Rose，你会怎么做呢？你是卖原价还是按老板开的 10 元销售？请写出你的解决方案。

演练提示

要求有创新，找到更为合理的解决方案。

四、当客户抱怨的时刻

在与客户面谈时，销售人员总会遇上客户发脾气、抱怨的事。有的客户非常情绪化，口无遮拦。这会让销售人员很尴尬，但这也是充分考验销售人员智慧的时刻。聪明的销售人员不会计较个人面子的得失，不会被客户的情绪所激怒。他们会既照顾客户的情绪、尊重客户的意见，又不卑不亢地处理问题，充分抓住危急时刻的机会，促使交易成功。

某保险公司的销售人员李丽用“扫楼”法去拜访客户。当她敲开一扇门时，出来一个老头。那老头一听她是保险销售人员，就开始破口大骂：“去，去，哪来的骗子。说什么定期拜访、节假日问候、小礼物赠送，结果一两年，鬼影子都没有一个。”

李丽觉得很委屈，但她还是决定弄清是怎么回事。等老人发完脾气，李丽说话了：“大爷，我是第一次来拜访您，给您添麻烦了，请您见谅。”

老人说：“快走吧。别耽误我做事！”

李丽继续笑着说：“您老先别赶我走。也许我能帮您做点什么。我想看看您那张单是哪个保险公司的。如果是我们公司的，以后我来给您服务；如果是别家公司的，我给您联系。”

老人一听，就进屋拿给她看。她一看，还真是他们公司的。这是一张两年

前的单，销售人员可能早不干了，成了所谓的“孤儿单”，是没钱可赚的。但李丽还是爽快地对大爷说：“以后我来给您服务。”

从此以后李丽经常去看大爷，慢慢就熟了。半年后，李丽的公司推出新险种，大爷毫不犹豫地要了两份。

客户抱怨和发脾气总是有理由的，无论是过分还是不过分。在这个时刻，销售人员如果只知道机械地说“对不起”，就会成为客户发脾气的垃圾桶，显得有歉意、没诚意。

正确的做法是不受客户影响，仔细听听客户为什么发脾气和抱怨，弄明白他究竟想表达和强调什么，然后有针对性地提出解决方案，消除客户的不快，再度赢得客户的信任，为销售创造条件。李丽就是在老人发脾气、抱怨的时刻，用正确的态度，采取得当的措施，赢得了老人的信任，赢得了销售机会。

客户的不满多种多样，主要来自于这几类不满：对产品不满、对销售人员不满、对服务不满。弄清客户不满的原因，有针对性地道歉和采取弥补措施，才是处理客户抱怨的关键，而不是像划了线的光盘，始终停留在“对不起”的层面上。

1. 应对客户对产品不满的技巧。

客户对产品不满的原因也有三种：第一种是把对别家公司的产品或同类产品的不满转嫁到你销售的产品上。特别是一些仿冒产品和一些同行中口碑很差的产品，其厂家利用音近、形近的手段进行商标注册，严重地影响了那些质量和口碑都不错的品牌的销售。第二种是他可能买过公司的同类产品或相关产品，可能当时产品存在一些瑕疵，给他留下了不良印象。第三种是客户曾购买过公司产品，由于销售人员推荐不当或他本人使用不当，造成对产品不满。

对于这几种不满，如果销售人员处理得当，很容易再度与客户建立良好的销售合作关系。如果客户满意了，这种信任和依赖会得到强化。

某著名食品饮料公司的销售人员小王铺货时，曾遇上一位客户老王。老王很温和，每次小王去了，老王都热情地接待他，双方谈得很愉快。但一说到让老王进货

的事，老王就避开了。一天老王的老伴刘阿姨说："小伙子，不是我们不帮你，上次我们进了你们的固体饮料粉，买东西的顾客说，这东西淡而无味，没法喝。我们主要是卖给熟人，不能进假货吧？"

小王纳闷了，怎么可能！我们的产品口碑很好啊！小王就问刘阿姨："那我给你弄一点喝喝，你看味道如何？"说着就开袋给刘阿姨冲了一杯菠萝汁，刘阿姨一喝，不错啊，怎么以前不是这个味。再看包装，有点像，又有点不像。她找出以前的存货与小伙子的产品一比较，发现原来两个品牌名字很接近，就一字之差，而且音还特接近。

老王知道事情原委后，爽快地进货了。

对于产品不满的第二种情况，销售人员可以用产品示范的方式，纠正客户印象中的不满。对于第三种情况，销售人员要根据情况给客户推荐适合他的产品，并耐心地教会他怎么使用，让他感到物有所值，重建交易关系就很简单了。

2. 应对客户对销售人员不满的技巧。

客户对销售人员的不满，大多是因为公司的一些销售人员为了交易成功，对客户胡乱承诺，结果又做不到，让客户因失望而不满；或是如上文买保险的老人的遭遇一样，买完保险，销售人员就不干了，售后服务没人做了。

对于这种不满，销售人员在面对客户的时候，要先缓和客户的情绪，然后在日后工作中，以实际行动来证明自己是一个实事求是、值得信任和依赖的销售人员。这样才能慢慢抹去客户心中的阴影。

销售人员：王总，你觉得我们的设备怎么样？

客户：质量还可以！

销售人员：那我们什么时候签约呢？

客户：你们公司不讲信用，我不买！

销售人员：王总，你这么说我有些惊讶！但我想你肯定有理由。可以告诉我吗？

客户：上次你们说我们买了设备后，就免费为我们修老设备。结果设备买了，就说没这事了。

销售人员：哦。我们是没这项服务。但既然他们承诺了，如果你们现在还需要修理的话，我现在就联系维修部，派人给你们修？

客户：真的？那就好商量。

3．应对客户对服务的不满的技巧。

现在是一个产品极为丰富的年代，竞争极为激烈，服务也是厂家竞争客户的一个重要手段。但由于服务很容易流于形式化和表面化，以及销售渠道的不同，很容易引起客户对产品服务的不满。比如，价格相对低廉的电脑由于服务不到位，当出现问题时，就比那些售后服务好、价格相对高一点的电脑显得更贵了。因此，这也造成客户对销售人员抱怨、不满和不易接受其产品。

此时，销售人员可以避重就轻地作一些解释，不要让客户纠缠在这件事上。最好采用扬长避短的方式，让客户对产品重新作出评价，否则就只能放弃。因为这类不满，不是销售人员一个人可以通过努力让客户满意的。

演练

假设你是某品牌化妆品的直销员，向一位女性客户推荐产品。当她一听你是某某品牌的销售人员就不开心了。你再三追问，她就懒洋洋地抱怨说产品这不好，那不好。面对这种情况你该怎么办呢？请写出你的解决方案。

五、当客户持观望态度的时刻

销售人员在与客户面谈时，有时会发现客户对商品持观望选择态度。此时只要突围成功，就能将订单牢牢控制在自己的手中，否则就是客户流失，或者花费更多人、财、物和时间来跟进客户。那么，销售人员在这个时刻该如何突围呢？

医生治病讲究对症下药。销售人员要打破这个僵局，就必须知道使客户持观望态度的两个原因。

1．客户有较大的选择余地和空间，即销售人员面对众多竞争对手。

小美是某著名品牌数码产品的销售人员。一天她在接待两名女客户时，留意到一位40多岁、气质沉稳内敛的中年男子在橱窗前看MP3。她于是乘两名女客户试听的时刻过去问他需要什么产品。中年男子说，他想买一个MP3。小美问他是不是他自己用，他说只是随便看看。（发现客户需求。）

小美认为这个客户是位有主见的客户，可能来之前就上网查过相关资料，现在可能是来踩点。于是她一边接待女客户一边用眼睛的余光观察他。一会儿，这位客户被半岛铁盒P880吸引住了，小美就拿出半岛铁盒P880给他看，又大致介绍了产品的主要功能。为了不引起他的反感，小美只是站在他旁边，

在他需要小美介绍时，小美才主动介绍，不需要就看着。（根据客户类型采用相应的应对方式。）

这个客户看得差不多了，小美就给他介绍相关功能。为了让客户倾心于这款产品，小美有意识地设置了一些场景，让他去想象。讲到MP3功能的时候，小美把它和IPOD相比较；讲到数码伴侣功能的时候，小美让他设想旅游途中数码相机的存储卡满了的时候，可以将照片拷贝到里面的情景；讲到OTG的时候，小美就告诉他，这种技术支持脱离电脑进行双向的数据交换，比如他的机器里面有一些文件，同事需要这些文件但是当时没有电脑，他们就可以将文件直接拷贝到同事的U盘或MP3里面。（用对比、分解的介绍方式，突出产品的优势和好处，让客户产生欲望。）

一番介绍后，小美感觉到，她已经成功地引导了客户，销售的机会来了。果然，客户说产品贵了。

小美说："是有些贵，但物有所值啊。你买了它就不用再买MP3，不用买移动硬盘，也不用买数码伴侣了，并且这个数码伴侣比传统的数码伴侣还要好，它可以脱离电脑进行文件的管理。"（简明地突出产品的好处。）

客户犹豫了一下，小美估计他想出去看看。

此刻，小美及时地对他说："我拿一个开封的产品给你看看。"（及时"堵"住客户，不让客户流失。）

触觉可以坚定客户购买的欲望。小美拿来一个开封产品给他看里面的配件，并在产品配件上做文章，告诉他这个产品会让他很有面子，并且可以直接充电，出差时就很方便。客户的购买欲望更强烈了。

他想了想问小美能不能便宜些，小美肯定地告诉他专卖店的价格是统一的，又讲了他们的阳光服务。

客户再度犹豫，小美看出他想出去，就将身体稍微地移动了一下，挡住了他出去的路。（再次及时"堵"住客户。）然后继续讲产品，让他再将小美刚才所设置的场景想象一下，以加深印象。小美不停地让他产生联想。最后他"投降"了，买了一个。（成功突围，交易达成。）

从以上案例，我们可以看出，这个颇有主见的客户到店中购买产品，主要是为了看看产品、踩踩点，希望通过比较看货，买到性价比最高的产品。销售人员小美看出这位客户持观望态度后，就针对他的性格、欣赏品位、生活实际情况设置了情景，让他不由自主地爱上了这款产品，并成功地处理了客户认为价格贵的异议，促使交易顺利达成。

可见，当客户购买一些投资不太大的产品时，当你发现他持观望态度的时候，可以采取以下措施确保交易成功。

（1）采用软硬兼施的手段阻止客户接触其他产品，让他没有太多的选择余地。这种强制性手段，要有技巧和策略，使客户不反感且乐意接受为度。如小美就是用身体巧妙阻拦客户，同时用产品诱惑客户，达到阻止客户离开现场的目的。

（2）根据产品设置情景，让客户想象拥有产品的美好感受。如让生活很有趣，看上去更漂亮等。

（3）根据客户的性格、欣赏品位设计话术，挖掘客户的内在需求。案例中，小美的销售话术就是针对客户经济实力较强、出差情况多等设置的，重点突出产品方便实用、彰显身份的特点。

2. 等待所需产品整体降价的时机，即所谓的持币待购。

此类商品的特点是：一次性投资大、风险大。比如房子、汽车、电脑等。

吴小姐是 CBD 附近一个楼盘的售楼员。在售楼处，客户张先生看上一套三居室，但他还想看看其他楼盘，作一番比较。就在他想离开的时候，吴小姐说：“这种户型只剩下首层和顶层两套了。这个户型卖得特别好，今天不订，过两天也许就没了。”张先生听了，还是决定再看看，但留下了联系电话。吴小姐知道，张先生现在处于购房亢奋期，今天不买，明天也会买。于是她礼貌地和客户张先生道别。但她已计划好在 5 天内给张先生电话跟进张先生，告诉他购房将得到的诸多好处，促使交易成功。

一切都在吴小姐的安排之中，在他们第二次面谈时，张先生就交了购房定金。

在持币待购的客户表现出观望选择的态度时刻，销售人员这样对待他们效果最好。

（1）态度要不卑不亢，传递出我们的产品不愁卖的信息。过于热情，给客户的感觉是产品并不好。

（2）可以像朋友一样，给他分析现在购产品的诸多好处。比如你是售楼

员，当你在给客户介绍时，你可以告诉他们买方的好处：有自己独立的空间，不再搬来搬去，还有升值潜力等等；持币待购表面上看，好像省钱了，但实际上根本没省。比如算上租金、搬家的成本、房产升值或贬值的不可测性等，这样就能较好地引导客户。还可以借助成交客户的实例来证明购房的合理性，坚定客户的购房信念。但我们反对用“托儿”的方式欺骗客户。

（3）当客户表示他要再去别处看看时，如果你觉得你能传达给他的信息都已经传达到位了，就要大方地让他去看。因为你给他留下的第一印象很深，如果他的确有需求的话，其他销售人员就很难动摇你的产品在他心中的第一印象。过分阻止客户，客户会觉得你不通情理，强人所难，这样反而不好。

徐振平是做财务软件销售的。一天，他正在客户办公室和客户谈生意，秘书进来通知，另外一个知名财务软件公司的销售人员来了。徐振平一下子就有点不知所措了。请分析一下客户此刻的心境。如果你是徐振平，你又如何做呢？

六、当客户要求过分的时刻

销售人员总会遇到一个问题解决了，又面临另外一个问题的情况。比如，你有一个好不容易才得到的客户，就在签约前，他提出非常过分的要求，让人觉得不可理喻。此时你怎么办呢？

对峙会使生意泡汤，妥协又会失掉所有的利润，甚至赔本。要么成交，要么一拍两散。特别是依靠长期客户关系来维护的生意尤其如此。此时应耐心解释，不发火、不指责、不批评客人，巧妙与客户周旋，然后避其锋芒，利用谈判的技巧引导你的客户走一条双赢的道路，如此才是最佳的选择。

王峰是一家外资柴油发电机组公司的销售经理。一次，他与一客户沟通时，客户冷不丁冒出一句：“我对你们的柴油发电机组很满意，但你们现在报的价里必须包括自动控制屏、自动控制柜、运费及安装费。”这意味着不但要把机组的利润全部赔进去，还得倒贴几万元钱！面对贪得无厌的客户，王峰似乎只有两个选择：要么赔钱，要么就彻底放弃。应该怎么选择呢？

王峰借助了巧妙的沟通技巧，赢得了胜利。

可见，销售人员在面对这种贪婪的客户时，要敢于和善于说“不”。

在谈判前，和这样的客户交涉时，有两种错误要极力避免，目的是让沟通有一个平和的环境。否则惹恼了他们，就前功尽弃了。

第一种错误就是喋喋不休。有些销售人员会不断地重复某一观点，直到客户感到烦躁和尴尬为止。你的长篇大论无非试图表明客户的愚蠢，这在无意中就激怒了客户。

第二种错误就是对客户的每一个观点都进行反驳，这无疑导致争吵而伤和气。当客户在说“黑”时，你千万别说“白”，即便你确信客户错了，也不要当面指责他。

对待那些咄咄逼人但又十分重要的客户，你的应对策略是“具有肯定意义的消极对待”。意思就是不与之争斗，也不能让他占了你的便宜；不能屈服，但更不能反击，可以回避、搪塞，但是要坚持原则；千万不要把所有的路都堵死了，要留有余地，尽力把客户引到你的思路中来达到双赢的目的，如此问题就迎刃而解了。

销售人员可以用几条有效的策略引导客户从态度强硬的思想状态进入双赢的思维空间。

1．当客户攻击你时，冷静地聆听是最佳对策。

当受到攻击时，大部分人的本能反应便是保护自己，或者反戈一击。对于面谈中的销售人员来说，这两种做法都会引发火药味很浓的对峙，而倾听客户说话，好处有三：首先，新的信息可以扩大活动的空间，增添变量因素；其次，静静地聆听有助于化解对方怒气；最后，聆听意味着你就没有作出任何让步。

2．确定公司的需求，时刻关注需要讨论的问题，不偏离主题。

销售人员在与客户讨价还价时，必须记住，最佳的沟通并不是一味地去满足客户的需求，而是兼顾客户的利益和公司的利益，解决核心问题，达到双赢。

3．确定平等的沟通风格。

平等的风格旨在强调双方的共同利益。例如，你在表达服务要收费时，可以这样说：“很显然，服务是项目中关键的一项。由于你们使用的频率比普通客户多50%，使我们的成本迅速上升，让我们一起来找出一种既能降低服务成本，又能保证服务质量的办法。”切勿采取具有挑衅性质的谈判风格，如果你这样说：“你使用我们的服务要比普通客户多50%，你们应该为此付费。”这会招致客户立刻摆出防范的架势。

4．高起点，慢让步。

有句老话是“先让者输”。在谈判前，一旦你作出了第一步让步，客户就会很自然地向你直逼下去。价格一定要做到高起点，慢让步。有些采购员表面上会爽快地答应签合同，但在签合同时他们会一项项减少费用，步步引导合并和减少许多费用。这时该收的费用要一项一项地提出来。谈判过程其实就是一场心理较量的过程，因人而异，灵活对待。

5．避开客户的感情欺诈圈套。

精明的买家时常会利用各种感情因素使销售人员乱了阵脚，作出并不情愿的让步。有些客户会预先设计感情圈套，销售人员可用下面三种应对技巧对付：第一，回避。要求暂不讨论此问题。建议与上司商量后，重新安排时间正式谈判，时间和地点的改变会使整个谈判场面大为不同。第二，当你的客户大声嚷嚷或主动表示友善时，一定要只表示聆听，不要做点头状，保持与客户的目光接触，神情自然。微笑和点头都可能被当做是对客户意见的赞同和鼓励。第三，公开表达对客户的意见。但这样做要把握好时机和言语的分寸，不要让客户感到下不了台而使整个沟通陷入僵局。比如，你可以轻描淡写地说：“感情固然重要，但生意不是我一个人说了算啊！是兄弟就别太为难我了。”

总之，方法总比问题多。当强硬的客户提出过分要求的时刻，销售人员一定要保持冷静，不可激怒客户，但也不可纵容客户。转移话题，把问题放置在另外一个场合解决，巧妙地把客户引导到自己的思路上来，都是可取的。

演练

一天，小玲负责的化妆品柜台来了一位带着孩子的女客户。这位女客户买

了一套价值200元的促销装。小玲按规定送了她一支护手霜。当她们要离开时，小玲想要回客户小孩手中的化妆盒，因为这个化妆盒是送给购买400元产品的客户的。女客户一听就火了："不就是赠品吗？小孩子喜欢，给他玩好了。不是他喜欢这玩意，我还不买呢！"

你认为女客户的行为对吗？如果你是小玲你该怎么办？请给出你的解决方案。

七、面谈中的尴尬时刻

销售人员在与客户的接触中，总会出现这样或那样的尴尬时刻，有时尴尬的是自己，有时尴尬的是客户，有时尴尬的是双方。一旦处理不好，可能会得罪客户，就别提生意了。尴尬发生的时刻，你该怎么办?

尴尬在自己身上的应对之策

乔扬从事销售工作以来，十分努力。但他天生不喜欢文字材料，对公司的各种文字宣传资料也不怎么看，觉得一看字，就犯迷糊。

一天，乔扬去拜访一位采购经理。采购经理非常看重公司的生产规模、生产能力和所用的机器设备，觉得这关系到公司的实力和供货能力。

乔扬平时不爱看资料，也没人提醒他注意这方面信息的储备。此刻，他自然答不上来，又不好信口雌黄，只好搪塞道：“我是新来的，还不太清楚。”

采购经理一听，“新来的？你还是回去吧！我可不愿和新手打交道，很多新手干三五天就不见人了。到时我找谁去?”

乔扬一时语塞，半天说不出话来。只好跟经理道别，走了。

乔扬的做法显然是失败的做法，他没有主动争取机会改变局面。

所有的失误都可以补救，所有的尴尬都可以调和。适当的方法可以有效地化解这种尴尬，甚至还可以巧妙借此推进销售。

1. 用真诚的请教和感谢，软化客户。

案例中的乔扬可以以退为进，用真诚和尊重，打动客户的心。

乔扬起身向经理告辞。他郑重地对客户说：“×经理打扰了。很感谢您给我上了一课。我想耽误您两分钟，让我把自己对您的感激之情表达出来。”

采购经理觉得这愣小子挺憨，也不好意思太过分，就说：“你说吧！”

乔扬说：“跟您这一接触，我才知道‘新人’不能成为我无知的借口，我对自己所在的企业不了解，这是我态度不够端正的表现。很感谢您在百忙之中抽出时间来见我。很对不起，耽误您工作了。”

采购经理见他如此实诚，又知错改错，态度也180°大转弯，想给他一个机会，就说：“把资料留下吧。我看看再说。”

2. 拜访前做好拜访的准备工作。

只要销售人员在拜访客户前，多看看公司的宣传资料，多向公司的销售人员请教一下，多了解关于客户的资料，是完全可以从容应对这个问题，让尴尬没有发生的理由的。

尴尬在客户身上的应对之策

借助客户办公室的东西与客户套近乎，是销售人员必备的开局能力。

小赵是个出色的销售人员，很擅长用此招数与客户套近乎。由于他天性活泼幽默，此招还屡见奇效。

一天，他到了一位客户的办公室，一眼就看见客户办公桌上放了一张漂亮女子的照片。

“哇！美女呢！”小赵用夸张的表情和语气说道。为了将气氛调节得更活跃，他就问客户：“老总，这是你老婆还是情人啊？”

没想到，气温没升高，客户反而拉长了脸。

原来，这个女子的确是客户的情人。客户是有妇之夫，他对外堪称模范丈夫和卓越领导人，一直害怕别人知道自己有情人。小赵这么一说，他以为小赵听到了什么传闻。

小赵一看客户脸色不对，意识到自己说错了。他迅速扫视办公桌，一看，有一沓招聘表。立刻说：“老总，你们招聘也太看重外表了吧？应聘还要交生活照。”

客户一听，心中一颗石头落了地，立马笑着说：“我们是服务行业，很重视客户情绪的嘛！”

于是谈话转入了正题。

小赵的确是个优秀的销售人员。出了问题，他不惊不慌，机智沉着地应对，巧妙地化解了客户的尴尬，赢得了客户的尊重和信任，也赢得了生意。

销售人员在销售中可以让自己尴尬，可千万别让客户尴尬，否则失去的不是一个客户，而是客户身后的250个潜在客户。当此种尴尬出现的时刻，可谓救时如救火啊！三个法宝随身带，可有效地化解此类尴尬：

1．要沉着冷静，不要惊慌失措，搅乱客户的心情。

2．要善于随机应变，将错就错，不露破绽。

就像小赵那样，移花接木，客户的尴尬就会消弭于无形。

3．迅速转移话题。

让客户没有时间细思这件事，让他觉得是自己捕风捉影，想得太多了。这样还会激励客户更加投入地工作，有利于销售进入良好的沟通状态。

让自己和客户都感到尴尬的时刻

纪小雪是个善于与客户侃大山的销售人员。她很善于注意扩大自己的知识面，甚至对足球也颇有些见解。

有一天上午，她去拜访了一位男客户。恰好头天刚看过一场球赛，她认为男士一般都是球迷。于是，一进门，她就大谈特谈球赛，并对获得胜利的甲队赞扬不已。

她没注意到，客户的脸上像结了一层霜，最后客户忍无可忍地说："不管甲队怎么出色，我都支持乙队。"

面对这样的尴尬，纪小雪不知所措，改变立场已来不及，更令她沮丧的是，客户已无心情和她谈生意了。

纪小雪见情况不妙，非常聪明地告辞了。

第二次，纪小雪再次拜访这位客户时，因头次遭遇客户对她"印象深刻"。这一次，她小心又巧妙地应对，坚持立场，又不固执己见，终于让客户感到心情舒畅，为交易营造了和谐的气氛。

销售的白金法则是："别人希望你怎样对待他，你就怎样对待他。"纪小雪按照自己的想法对待客户，让自己和客户彼此感到尴尬是很难避免的。对于这类人为的尴尬，销售人员只要多花一点点的心思就可以有效地避免。

避免尴尬的方法：

1．拜访客户前，多花一点时间收集客户的信息。

比如，将你认为你擅长的，可以用来有效地控制客户的信息收集得细致全面些。

2．如果在与自己不是很熟悉的客户面谈时，一定不要想当然地行事。

可以通过开放式的提问，让客户自己亮明观点。比如："昨天那场球赛，您有什么看法？我想听听您的高见。"也可通过目的明确的封闭式提问，得到简洁明了的答案。如："昨天那场球赛，您更喜欢哪支球队？"在得到明确的答案后，再小心翼翼地与客户寒暄。否则就会"出师未捷路先堵"，让销售难于上青天。

3. 当客户产生尴尬时，特别是涉及立场问题时，销售人员不要急转弯，这样会让客户瞧不起。

见风使舵，是可行的，但要有技巧。比如，你继续坚持观点，哪怕和客户不欢而散也没关系，因为与工作无关的观点分歧一般不会让客户看不起你，只要你下次给足他面子，一切可以继续。此时聪明地离开，过几天找个机会或借口拜访他时，站到他的立场上去，他会特别有成就感和知己的感觉，这样销售就 OK 了。

尴尬时刻总会和销售人员不期而至，防不胜防，但只要有良好的心态，并有意识地培养自己的应变能力和文化素养，尴尬时刻常常可以让销售更有乐趣和加快销售成功速度。你甚至会觉得尴尬就像“蜜糖里的柠檬”，酸酸甜甜的味道岂不更好！

王玉峰是一位手机销售人员。一天，她正在给一位客户介绍说手机质量如何有保证，返修率有多低时，突然一位客户拿着手机来了，说：“怎么我的手机刚买了 3 天，就出问题了？打着打着就自动关机！”正在听她介绍的客户一听，就没耐心听她介绍了，还说：“这还叫质量有保证啊！我可没时间排队修机。”

如果你是王玉峰，你该怎么办呢？写出你的应急方案。包括当时的心态、肢体语言、语言表达及处理客户异议的方案等。

第五章

介绍与展示产品中的7个“调情”时刻

产品介绍与展示可以有效地刺激客户的购买欲望，增加对产品的信任度。优秀的销售人员不仅要善于推销自己，也要善于推销产品。在介绍与展示产品的过程中，把握好7个关键“调情”时刻，销售就让客户无法抗拒。

一、展示开始前，用1分钟吸引客户的注意力

“好的开始是成功的一半。”销售人员在向客户介绍与展示产品前的1分钟，一定要用语言和动作有效地吸引客户。因为客户的注意力只有30秒，在30秒内，如果你不能给客户有效的刺激，那么往往会导致随后的销售谈话失败。因此，为了防止客户走神或考虑其他问题，开场白怎么生动都不过分！

在销售实践中，展示与介绍产品时，常用的开场方法有5种。

1. 用数字吸引客户。

用数字来说明你的产品能给客户带来多少好处是非常清晰和具有冲击力的。如销售员常用“节省”“便宜”“赚钱”“降低成本”等概念来介绍产品，但不能把“节省”“便宜”“赚钱”“降低成本”等概念变成具体的数字。那么，它们就是一个空泛的词汇，毫无说服力。比如说，告诉客户买产品能赚钱，只要给客户算笔账，就能说明自己的产品能让客户赚多少；说产品给客户省钱，究竟能省多少钱，也只需要算笔账。清清楚楚、实实在在的几个数字就足以打动客户。

一个推销网络广告的销售人员要客户在网上做广告。客户问他，在网上做广告我能得到什么好处？销售人员就给他算了一笔账：投资1450元做一个广

告，每天至少产生100个以上的访问，以500天计算，每个访客成本为3分钱。以每30个人中有1个人成交，每天能赚多少钱呢？于是客户签单了。

网络广告的好处就是客流量大，开发客户的成本低、回报高。销售人员用几个数字就打动了客户。但销售人员使用数字来引起客户注意，要注意以下几点：

（1）使用的数据一定要真实、可靠。捏造的数据经不起检验和审查，最终会失去客户的信任。

（2）化整为零，将数字精细化。能用小数点以后的数字说明问题，就不要用整数；能用精确的数字说明情况，就不用模模糊糊的约数来搪塞客户。比如，当你给客户介绍沐浴露时，你可以说：“每天洗一个舒舒服服的泡泡浴才8分钱。”这样说明就比你说买一瓶沐浴露要花32元钱更能吸引客户。

（3）使用数字宜精不宜多。过多，就会让客户脑袋一团糨糊。销售人员只需要说出客户最关心的数字，或最能说明问题的数字就可以了。

（4）数字要不断更新。缺少现实意义的数据是没有吸引力的。

2. 用故事吸引客户。

“天下生意都是商业秀，不会讲故事就不是好销售。”优秀的销售人员善于将自己的产品信息渗透到自己的故事中，在娓娓讲述故事的过程中，产品的信息也一点一滴地穿透了人们的心。

这个化妆品的出现，不是为了赚钱，是为了爱，为了满足爱人永远美丽的心愿。这个品牌的创始人××先生，是个法国贵族，他深爱他的妻子。一天，他的妻子对他说：“我要永远都这么美丽，让你永远都这么爱我！”于是，这位先生就秘密地研制一种用天然植物为原料的化妆品。经过10年，他终于研制出来了一套具有驻容养颜功效的产品。他把它送给他的妻子，让她永远都那么美丽。这套产品就是我今天要推荐给大家的××。希望天下的女士都得到美丽的人生和美丽的爱情。

这位销售人员没有直截了当地介绍产品有多好，而是用一个故事，激发了客户关于爱情、关于人生的美好憧憬与思考，并将产品天然无害、功效卓著的印象无声无息地印在客户脑海中，轻易地敲开了客户的心门。

现在，人们从传统的追求表面的个性化向追求情感个性化演进了，销售人员要善于为产品“量身定做”故事。让客户去哭、去笑、去独自思考和吟唱，让他们觉得拥有的不仅是产品，而是一种经历、一种心情、一种生活方式，甚至是一个朋友或亲人。

用故事吸引客户要注意以下两个因素：

（1）故事要短小。太长的故事，必然包含太多的要素，不容易突出销售主题。

（2）故事要与销售主题相关。即包含产品的卖点，比如产品的特点、与产品相关的概念等。

3．用提问吸引客户的注意力。

提问能有效地吸引客户的注意力。在销售介绍与展示产品前，销售人员可以通过有针对性地提问，激发客户的需求。比如："听说您现在常常为皮肤的干燥和瘙痒发愁，用了很多保湿产品都没效果？"这样的发问是针对客户的烦恼提出来的，会让他产生一种"及时雨"的感觉，自然就有兴趣听你介绍了。

自设一个客户一直渴望得到解答却未找到答案的问题，为产品展示弹好前奏。如："您还在为洗衣服上的水果汁、油渍、污渍发愁吗？还在为白衣服越洗越黄发愁吗？"这样的提问能让客户迫切希望得到答案。然后你亲切而温和地告诉他，你现在就有这样的产品。无论他是否相信，都为展示提供了契机。

提问是一种有效吸引客户注意力的手段，销售人员在使用时，要注意以下因素：

（1）提问要有针对性，最好从客户最关心、最渴望解决的问题入手。这就要求销售人员站在客户的立场上想问题。

（2）提问要避开敏感的话题和令客户难堪的话题。如果销售涉及这方面的内容，要从一个模糊的涵盖内容广的角度提问，或变换角度提问。比如，你是个美容产品的销售人员，你得知你的客户最忌讳别人说她胖，但她内心又特别想减肥。你可以这样问她："您是如何看待皮肤、身材、五官、服装等因素对一个人魅力的影响的呢？可以谈谈您的个人意见吗？"这样就可以让客户不设防地谈到你想说的减肥话题。

（3）提问一定要注意技巧。没有人喜欢被审问的感觉。销售人员一定要给客户一种在探讨问题、寻求问题的解决方案的感觉。

4．戏剧式方法吸引客户。

让人好奇、不解、疑惑的事物与行为都能有效地吸引人的注意力。销售人员在介绍产品前，如果其他方法行不通时，可用戏剧化的方式，吸引客户的注

意力。

有一位销售人员去拜访一家酒店连锁集团的采购经理，向他推销一款酒店客用剃须刀。在简单的自我介绍之后，销售人员从手提包里取出一个毛茸茸的桃子，然后用剃须刀将桃子的表面细毛剃得干干净净，接着将表皮完好的桃子递给采购经理，采购经理立刻被这种戏剧性的推销方式打动。

使用戏剧式吸引法，销售人员要注意两个要素：

（1）以达到销售为目的，不能为了夸张而夸张。

（2）掌握令人震惊的分寸，不能将震惊变成哗众取宠。

5. 陈述式方法吸引客户。

陈述式方法，就是指销售人员用陈述一个事实或一个观点的方法来引起客户的注意。无论陈述的是事实还是观点，其内容与主题都要与客户的利益密切相关才能引起客户的注意和兴趣。比如，你要卖预防冠心病、心肌梗死等疾病的保健品给客户，你可以陈述最新的权威医学监测机构的统计数据。你要让客户买车子，你可以说：“现在人们都在追求‘三子’：票子、房子、车子。”

直接陈述，开门见山地表明观点，可以迅速得到客户的认同，有效吸引客户的注意，还能节约沟通时间。

但一个好的陈述，要包含以下三个要素：

（1）陈述内容必须高度概括，简明凝练。

（2）陈述要切中客户的需求，要有的放矢。

（3）陈述必须有理有据，不能是无稽之谈或胡编乱造。

演练

自设情景，分别用数字吸引法、故事吸引法、提问吸引法、戏剧式吸引法、陈述吸引法演练吸引客户注意力的方法。并写出解决方案。

演练提示

限时1分钟。

二、当客户注意产品的时刻

客户在决定购买产品前，心理上必然要经过一系列的转变过程。一般称为“AIDMA”流程，A指客户注意产品的阶段（Attention），I指客户对产品产生兴趣的阶段（Interest），D指客户产生“想要”“想买下来”的欲望阶段（Desire），M指客户把产品与别家公司的产品比较评价的阶段（Memory），最后的A则是“决定了！”“就买下来吧！”采取行动的阶段（Action）。

这个过程只是对购买心理的一个理论表述，实际上这是个复杂的过程，甚至是交织的过程。

当销售人员花费力气让客户关注产品后，还要乘胜追击，让客户对产品产生兴趣。那么，销售人员在介绍和展示产品时，如何让客户对产品感兴趣呢？

在客户注意产品的阶段，销售人员可以充分利用暗示的手段，让客户对产品感兴趣。

1. 自信暗示。

一个优秀的销售人员，应该充满自信。当客户关注产品时，他们多少会有些疑虑，此时销售人员要以专家的身份，用自信的声音和方式，去感染客户，让客户有兴趣继续关注产品。如：

“选择粉色、白色吧！女孩用粉色、白色更漂亮。您是个甜美型的女孩，黑色的不太适合您。”

“绝对没问题！我都卖了5年衣服了。很多人都来买我的。我有很多回头客。”

2．同意暗示。

销售人员要让客户对产品感兴趣，首先要在心理上与客户同步。你可以主动表明与客户观点一致，也可以用提问的方式，诱导客户与你观点一致。如：

“您穿上这件西装后，身材看上去更棒了！您的肩宽，很有男人味！”

“我们店里的货全是正规厂家生产的。看看，这件衣服是××的，柔软舒适，有弹性。您用手拉拉看？”（销售人员用手做拉伸衣服状。）

3．优点暗示。

只有把产品的优点说出来，客户才会产生积极、开朗、欢乐、喜悦、理想的情绪，才会对产品感兴趣。如：

“这是液晶电视。它比普通电视画面更稳定，图像更逼真。”

“这款镶边的西装，是非常经典的淑女款式，修身效果非常明显。特别适合你这种身材。您看把您的腰显得多细啊！”

4．“不利”暗示。

“不利”暗示，是销售人员用一种专家的身份，给客户指出不利的因素，让客户产生需求，接着销售人员趁机提出可以满足其需求的产品或方案。如：

“贫血让人的免疫力下降，严重时还会出现心脏问题。”

“当客户跟你谈生意时，总是断线，这生意还有法谈吗？”

5．非语言暗示。

在销售中，非语言的信息常常更能影响客户的购买情绪。特别是一些颇有阅历和见识的客户，他们不仅听你怎么说，还看你怎么做。你的一举一动，以及细微的身体语言，都在影响着他们对你和产品的评分。因此，销售人员在激发客户对产品的兴趣时，一定要从“姿势”“态度”“动作”“语气”“声调”或“表情”等方面，给客户以强烈的暗示。

当你演示产品时，你一定要熟练，熟练的操作才会让客户更好地感受产品的功能；当你在介绍产品时，特别是介绍产品出色的性能时，不仅要用肯定的语气，还要有自信、骄傲的语气和姿态，这样才能“同化”你的客户。如：

一位优雅的小姐在鞋店逛了一圈之后对销售人员小丽说：“麻烦你拿这款

黑色凉鞋给我试一下，要37码的。”过了一会，小丽抱来三双鞋，把最上面的一双符合要求的鞋子递给了客户，客户试穿后不大满意：“麻烦你换一双36码的吧！”

小丽微笑着拿起第二双鞋子递给客户穿上，客户试穿后又说：“我还想换成白色的看看。”小丽胸有成竹地递给她第三双鞋子，看客户穿好后，小丽“哗”了一声，眼神里尽是艳羡，然后指着鞋柜旁的广告画，画上的美女穿的正是这款白色凉鞋。客户会心一笑：“既然是我们共同的选择，就请帮我包起来吧！”

6. 反复暗示。

通常，人反复受到一个事物的刺激，就容易对这个事物产生兴趣。因此，销售人员要善于给客户以积极的、亲切的多次刺激，以激发客户对产品的兴趣。比如，介绍产品时，反复地说出产品的名字和客户的称呼（尊称、亲切的称呼），反复强调产品的优点，或反复多次地询问客户对产品的看法，都可以较好地激发客户对产品的兴趣。如：

“小姐啊，这是日用品，今天不买，明天也会买。闲时买急时用，放在那里也不坏。是吧？相信我，我不是图把东西卖给你！天天用的，你还怕用不了？”

反复强调，可以有效地刺激客户的购买兴趣和欲望。销售人员要善于运用反复暗示的方法激发客户的购买兴趣。但凡事得有个“度”，销售人员也要适当控制强调的频率，超过三次，就容易引起客户的反感。

7. 引君入瓮暗示法。

在介绍和展示产品时，销售人员要善于巧妙布局，将客户不知不觉地引入自己设置的局里，朝着预定的目标迈进，再利用第三方的语言推动客户下决定。这种引君入瓮的暗示法，只要用得巧，会有效地激发客户的兴趣。如：

“一般来说，白皮肤的人穿橙色很漂亮，容易把皮肤显得白里透红，又健康又水灵。这件橙色的小衫多漂亮啊！和你的牛仔裤和T恤衫多配。这件衣服是我昨天进的，而且只有一件。今天不买，过两天就没有了。可别到时候遗憾哦！”

8. 对方立场暗示。

人都是以自己为基准考虑事情的，对帮助自己的人都会持有好感。销售人员只要一心一意从帮助客户的角度来思考事情和行动，客户就会很容易被吸引

到你的思路上来，对产品产生兴趣。如：

“您真是行家，一眼就看出这个电磁炉的台面容易变黄。现在我们又针对这种情况，推出了新的台面。您就不必有这种担心了，这种台面是采用进口材料做的。您看看这款！”

9．利用权威暗示。

专家和权威对产品的评价和使用，说明产品经得起考验和挑剔，容易让客户信赖产品，产生了解的兴趣。如：

“这个牌子××（著名影星）一直在使用。”

“××（著名的）企业老总××，非常推崇这本书，还给他的员工一人送了一本。”

“买这个产品的人很多，我今天就卖了12台。”

10．吉利暗示。

人们都爱喜庆，爱祈福。销售人员利用人们的这种心理，激发客户对产品的兴趣屡试不爽，销售倍增。如：

“红色多喜庆，您看看这些红色款，都很不错的！”

“今天这个日子多吉利！买东西就得讲究日子，特别是这些关系到一生幸福的东西。”

当客户开始注意产品的时候，销售人员要善于根据产品的特点和客户的购买心理，灵活运用以上十种方法，激发客户对产品的兴趣。

假设你是玉器销售人员王军，一天来了几个客户，他们看看手链，又看看玉佩。此时你该怎么做呢？如何才能激发他们对玉器的兴趣呢？请给出你的解决方案。

演练提示

客户有年轻女性、中年人、老年人。

三、展示中，客户分神的时刻

人的注意力只有30秒，30秒后人的注意力就很容易被其他事物吸引走。如果你的介绍与展示在开场白后不能有效地吸引客户的注意力，那么你的努力就是白费。如何在客户分神的时刻，将客户的注意力拉回到产品上来呢？

先要知道客户分神的原因。客户分神的因素大致有三个：环境、销售人员、客户自身。销售人员要了解三个因素导致客户分神的原因，根据原因进行必要修炼，及时控制、引导客户，就能让客户将注意力再度转移到产品上来。

环境因素

销售的环境由不可变的购买环境、展示环境和可变的客户数量、客户间彼此的熟悉程度等因素构成。这些因素都在影响着客户的注意力，也影响着销售业绩。比如，客户买衣服时，卖场的位置、销售人员的配合、客户人数的多少、不同客户之间的接触，都可以将客户的注意力转移。

一天，×服装专卖柜台来了3个20多岁的女孩。一个穿裙子的女孩被该品牌性别定位明确、设计风格甜美的特点吸引住了。她看上了一件桃红针织背心和一条流苏皮裙。当她从试衣间出来时，发现其中的一个伙伴在旁边一家专卖柜台试衣服，就改变主意计划先看看衣服效果，再去另一个点看看。销售人员小丽觉得这几个女孩看上去有很强的购买力，她决定拿下这笔生意。

小丽热情地赞美道：“看，多漂亮啊！您的甜美气质、可爱样子跟这套春装太协调了。简直比定做的还合身。”

女孩看着自己镜子中的样子，也觉得很不错。但她想到隔壁去看看那边的新款衣服。

小丽意识到这一点后，说：“我们这几个品牌的春装都很漂亮。您可以挨个去试的，不用太着急。我觉得您把您的卷发披下来，就更漂亮了，看上去更甜美，脸形也更好了。”（让客户把心思停留在自己的产品上。）

她接着说：“试试把头发放下来的感觉。”说着就自然地让女孩把注意力放到镜子上。女孩觉得她的建议不错，微微点点头。小丽又说：“多漂亮啊！您看您的朋友也说很漂亮。我给您开单。今天我8折酬宾，其他品牌没有这么优惠哦。”女孩的朋友也觉得不错。女孩犹豫了一下，就把钱给了小丽。（巧妙地把她的女友转化为销售助手，并迅速地提出交易。）

小丽拿了票和找补的零钱回来后，对女孩说：“就穿上吧。很漂亮。我把您的衣服装起来。”

当客户被环境影响时，销售人员工作的重点是将客户的注意力集中在产品上，并反复强调产品给他的感觉，让他不由自主地爱上产品，最终不得不买下。

销售人员

销售人员精彩的开场白，通常只能吸引客户一部分的注意力。如果随后的产品展示成了销售人员的“独角戏”，特别是一些没有特色，客户一看就知道的展示，很容易导致客户将注意力转移到其他感兴趣的产品上去。

在这种时刻，销售人员就要变换自己的展示方式和手段，可以动用色彩、音响、气味等表演辅助工具。比如，当你示范洗涤剂，企图用丰富的泡沫吸引客户注意无效时，就要改成示范强去污能力，并且最好采用对比示范，通过与其他产品的对比，把客户的注意力转移到产品上来。如：

一个销售人员总是用两块弄得同样脏的白毛巾，然后选一款其他品牌的洗涤剂和他的产品在同等条件下做去污能力的对比示范，销售效果非常好。

客户通常可分为视觉型、听觉型、触觉型。销售人员可充分研究产品的特点，准备几类示范方式和几套销售话术针对不同客户，突出客户最关注的卖点，这样就能在销售的某一个不利时刻，相时而动，反败为胜。

客户自身

有的客户的注意力持续时间特别短，通常他们对什么都感到好奇，喜欢亲自搞明白一样东西，喜欢按着自己的思路去做事情。当销售人员与这样的客户“一对一”相处的时候，销售人员就要及时停下自己的示范与讲解，让客户变成销售主角，你只需要配合他就可以了。当介绍与展示完成时，客户基本上就能自己说服自己买与不买了。

当销售人员面对几个客户时，如果其中有动手和参与意识强的客户，销售人员就要巧妙地将他转化为销售助手，让他用自己的参与和感受来带动和影响其他客户。当然，销售人员一定要确保他示范得比较好，且对销售有利。如果他示范得不好，销售人员就要在一些小的不容易出错的地方，让他参与进来，让他针对最后的正常展示结果发表意见，这样就满足了他的参与欲望和爱表现的欲望，还可以让客户更信任产品。如：

在展示榨汁机的时候，就可以让这种客户现场操作，或品尝一下现场榨出的果汁的味道，让他说榨出的果汁的量很多。当然这个问题你要自己先设置好，你可以这样说：“大哥，你看这果汁的味道不错，量也很多吧！”然后快速地转移到动员其他客户购买的问题上。

当客户分神时，最好的办法就是让他参与进来，让他自己控制和主导自己就不容易分神了，而且可以更好地突出产品的卖点，让客户获得他自己满意的体验。

展示中，顾客分神的时刻，销售人员可以用如下几种策略让客户把注意力从别处集中到展示的产品上来：

1．制造新的注意点。

客户的需求是不断暴露出来的，客户的类型也是逐步明朗化的。当我们发现一种示范方式或销售话术对客户无效时，就要主动变换成另一种可以吸引他的示范方式。

2．将刺激强度增大。

比较弱的刺激强度，只能给客户弱的刺激，如果示范强度不足，就不能让客户真正明白产品的功效有多好。这时你一定要用一种可以发挥产品的极致功效的示范方式去吸引客户。当客户看见如此极端的问题都能解决，那么他们就会觉得其他不太严重的问题就很容易解决了。当然，做这样的示范的前提是你的产品一定要具备这样的功效，如果没有的话，就别冒险。举个例子，如果你的表很结实，可还不能像西铁城表从高空的飞机上摔下仍完好无损，就不要模仿它。但你从几米的高空抛掷一下，也是效果不错的示范方式。

3．设置可以让客户参与到产品展示中的细节。

当客户分神时，巧妙地在产品中设置几个细节，让客户参与到产品介绍与展示中来，不仅可以有效地防止客户分神，还可以利用客户的参与，吸引更多客户的注意。

一次，某软件公司的销售人员林荔去参加一个集团的招标说明会。当林荔讲到一半的时候，客户们就开始不耐烦了，打电话的、小声说话的、打呵欠的都有，这个时刻，林荔该怎么办呢？如果一直这样下去，中标是没指望的。请你为林荔支招。可以用我们提供的策略，也可以用你认为更可行的策略。

四、展示中，意外出现的时刻

销售人员在进行产品展示时，一些意外情况常会发生。在意外出现的时刻，销售人员该怎么办？该怎样反败为胜？

在意外出现的时刻，最好的应对策略是销售人员保持冷静，随机应变，从容应对。

一个销售人员当着一群客户展示一种不会摔坏的钢化玻璃杯，说："这种杯子不是一般的玻璃杯，这叫钢化玻璃杯。所谓钢化玻璃杯，主要就是好看又耐摔打。"说着他就摔了一个，杯子在水泥地上完好无损。接着他又试了一个，还是完好无损。这时一个性急的人走过来拿起一个杯子用劲一摔，"啪"，杯子碎成几块。这个人一下子幸灾乐祸了，周围的人也跟着起哄。那个销售人员不易察觉地愣了一下，马上就笑着说："大哥，真感谢您，帮我做对比试验啊！这个杯子是我买来给大家作对比用的。现在你再摔一个我的产品。摔完我给大家讲怎样鉴别真假钢化玻璃杯。"说着又拿了一个让那人摔，这一次没破。接着销售人员非常自信地教大家识别真假钢化玻璃杯。

卖杯子的销售人员在意外发生的时刻，从容镇静地把意外演变成为刻意为之的事，一场危机顿时消弭于无形。

善于随机应变的销售人员都有乐观的心态，积极的思维，较好的语言应变

能力和应变技巧。销售人员可以从这几个方面入手，为自己应对意外时刻做好准备。

1．培养乐观的心态。

销售人员的乐观心态主要表现在对销售中的任何挫折、失败、不利的意外情况，都持一种“塞翁失马，焉知非福”的积极想法。而不是遇上困难就开始抱怨，开始逃避，看不见事物有利的一面。

有两个销售人员面对一辆久未售出的汽车。

甲说：这车这么脏，谁要啊！

乙说：只是外面有灰，洗一下，就漂亮了！

甲说：太小了，坐着别扭。

乙说：小好，停车方便啊！而且便宜！

于是，甲走了，乙把那辆车卖出去了。

迎着太阳走，阴影总在背后。销售人员在遇到意外情况时，一定要对自己说：“朝光明的方向想问题，一定可以找到解决问题的好方法。”当然，更要在行动上体现出来。只有这样你才能成为顶尖的销售人员，在每一个关键时刻都有出色表现。

2．培养出色的思维能力。

思维能力是人们认识事物的能力。积极乐观的心态，可以让人们积极地看待事物，但好的结果不会因此自然出现。好的结果需要人们借助出色的思维能力，看到事物从不利情况向有利情况转变的条件，然后付诸行动才能得到。

出色的思维能力包括6个方面：全面性、深刻性、批判性、独立性、敏捷性、逻辑性。销售人员要在生活和工作中利用各种情况锻炼自己的思维能力。

3．培养出色的语言应变能力。

在意外情况发生的时刻，销售人员要有泰山崩于眼前面不改色的心理素质，还要有好的语言应变能力，借助语言巧妙遮掩失误、缺陷和转移客户的注意力，打消客户的顾虑，促使销售顺利进行。

一天，某酒业公司的销售人员张庆向一饭店老板销售白酒。老板提出要看看产品的包装。张庆就立刻打开随身带的酒。没想到，他打开酒箱后，发现外包装盒上布满灰尘。老板非常不高兴，冷冷地说：“这酒脏兮兮的，恐怕是不好卖的哦！”张庆刚给老板介绍完酒如何醇，如何香，没想到一下子出现了这种情况。张庆的心里直敲鼓，但表面上他还是很轻松，故作幽默地说：“老板，这是十年陈酿，这个酒都生产10年了，盒子上有点灰尘是正常的嘛！”老板一听，“扑哧”一笑，这酒就被张庆搬进店里了。

4．熟悉一些应变技巧。

某些场合由于临时事变，给销售人员设下难题，此时销售人员如果应用一些巧妙的应变技巧，就能化险为夷，走出困境。

技巧一：变真为假。那个钢化玻璃杯的销售人员，就是用这个技巧维护了自己产品的名誉，为继续销售赢得了机会。

技巧二：利用字面意思，挖掘积极的内涵。如卖酒的销售人员张庆的解释。

技巧三：利用谐音。如果在产品展示中，有人提出不好的意见，而这个意见正好与产品的某个优点谐音，销售人员就要巧妙利用谐音，这样做既突出产品的优点，又避免争论。

在一次服装展览会上，一个销售人员正在给几个客户展示衣服。其中一个说：“式样不错，就是老点。”销售人员马上说：“的确有眼光，我们公司设计的服装样式好，又是老店，质量过硬，价格公道，买得放心，穿得舒心。”

销售人员把“老点”解释成“老店”，避免了让这种负面评价影响其他消费者。

技巧四：快速转移话题。用快速转移话题的技巧要掌握好一个要点——快，而且所转移的话题要有相关性，让客户察觉不出来，并且以关心客户利益的立场说话，这样才会收到好的效果。

一位销售人员在跟客户展示他的电热水杯烧水有多方便快捷、有多省电时，发现水很久都没反应，立刻对客户说：“这是我们的样品，总是用来做实验，又没保护好。样品是不会卖给你们的，肯定是卖未开封的给你们。”

这个销售人员，快速地从产品质量转移到客户服务问题上去，避免了因质量问题引起的争论。

一天，一个销售人员正在给客户介绍他的塑料制品质量过硬、摔不破、承重量大时，一个客户往刚买的盆里放了过重的物品，导致盆破了。于是客户就吆喝：“别信他的，看我刚买的盆，装点东西就破了。”如果你是这个销售人员，此刻你怎么做呢？写出你的解决方案。

演练提示

方案要体现出语言应变能力和应变技巧。

五、展示中，客户夸赞竞争对手产品的时刻

“王婆卖瓜，自卖自夸。”“卖盐的说盐咸，卖醋的说醋酸。”都说的是，在介绍和展示产品时，销售人员会有意无意地夸自己的产品好。可是，不管销售人员怎么夸自己的产品好，客户自己心中都有一杆秤，他会把你的产品与市面上的其他产品作比较，特别是与一些知名品牌比较，指出竞争品牌的优点。在这个时刻，销售人员要怎样做，才能既得体又留住客户呢？

站在客户的立场，为自己的商品说好话

在与竞争对手的产品的优点比较时，客户最容易看见你销售的产品的缺点，也最容易放大这些缺点。此时销售人员不动声色地为自己的产品说好话，比急于辩解更有效。销售人员只要站在客户的立场上想问题，同时弄明白客户赞美其他品牌的真正目的，见招拆招，适时突出产品的卖点，坚定客户购买的信心并不难。

1. 有理、有力、有利地分析竞争对手的产品的“优点”。

客户：××品牌的冰箱空间大，自动除霜，而且还特别省电。你们的冰箱好像没有这个特点呀。

销售人员：也省不了多少电，买冰箱关键还是看中保鲜和空间。

这样的回答对于客户来说是无效的，也许其他品牌的销售人员早就给他算了一笔账，他已经知道一天可以省多少电和多少钱了。模糊地强调保鲜和空间也没抓准诉求点。有效的回答是这样的：

销售人员：您关注得真仔细。我请您思考一个问题，冰箱的主要功能是什么？首先应该是保鲜和可以存放整个家庭用的蔬菜、水果等食物的容量吧？如果为了省电而降低制冷温度，致使食品变质，省电又有什么意思？

这样的回答考虑到了客户的利益，巧妙地击败了竞争对手的产品的“优点”，使竞争对手的产品的“优点”不攻自破。

2. 偷换概念，巧妙嫁接。

客户：我觉得外国品牌的手机性能好，用的时间长。

销售人员：国产的也不差啊！性能也不错，我的这个国产机也用了很长的时间。

这样的回答是不能说服客户的。没有确切比较，是很难改变人们心中的第一印象的。比较好的回答是：

销售人员：国外品牌性能是不错，用的时间也长。可一部手机你用多长时间？顶多3年吧？

客户：用不了。能用一年多就了不起了。

销售人员：那么，就算国外品牌比国产多用10年对你又有什么意义呢？

客户点头同意。

销售人员成功地将使用极限时间变为有效使用时间，并得到客户认可。此时，如果客户没提性能比较的事，销售人员就不要再提它，转为介绍产品的卖点方为上策。

直面竞争对手的信息，巧妙引导客户

当客户夸赞竞争对手的产品的优点时，销售人员装作没听见，或者一味搪塞敷衍，把客户的注意力转移到本公司的产品上来是行不通的。销售人员越是闪烁其词，客户越会紧追不舍，让销售人员无力招架。如果竞争对手的产品的确比自己的产品更具优势，有些销售人员就会有以下做法：摆出一副爱理不理的架势，明显表示“想到哪买，就在哪买，别废话”，或者不咸不淡地说几句竞争对手的坏话。如：

“他们的衣服不能洗，洗了就变形，缩水。”

“别到那买点心，我们的都是自己烤制的，不加乱七八糟的东西，每天烤多少卖多少。他们的要卖好多天。”

销售人员对客户冷淡或攻击竞争对手都不是明智的做法。上策是承认竞争对手的产品的优点，同时给客户提供更全面的信息，让他们意识到你是个可以信赖的专家与顾问。这样你就可以从容地将竞争对手的产品的好处与不利之处一一告诉他们，引导客户自己进行利益衡量，自己说服自己买你的产品。只要你的产品更适合他们，竞争对手的产品的优点就无竞争力可言了。

客户：我觉得×××的护肤品不错，吸收特别快！

销售人员：是不错。不过也要分清是进口的还是合资的，您说的是哪种呢？

客户：我不知道还有进口与合资之分呢！

销售人员：当然有了。进口的来自巴黎，合资的就是在北京产的。您买哪种？买合资的，还不如看看××（自己销售的产品名）。

与竞争对手共享客户资源

在客户夸赞竞争对手的产品的优点时刻，如果自己的产品没有客户需求的功能，的确不能满足客户的需求。此时销售人员就可以考虑大大方方地把客户介绍到竞争对手那去。这是充分利用资源的多赢合作方式。

这样做不仅可以赢得客户的感激与信任，还与竞争对手形成了良好的合作关系。当他们有更适合于你的客户时，他们也会介绍给你，节约了寻找准客户的时间和成本。

邱明是一家国产品牌手机的销售明星，对面柜台的张东是一家国外品牌手机的销售高手。他们俩销售业绩出色，不仅仅是因为他们善于引导客户和促成交易，也在于他们彼此的合作和资源共享。他们常把不适合自己而适合对方的客户介绍到对方那去，既让客户感到满意，又让自己得到了实惠。

每当他们发现客户更适合对方时，他们就会说：“我给您推荐××品牌的一款手机吧！您说的那个优点，他们机子有，性价比也不错。”

总之，当客户提到竞争对手的产品的优点时，销售人员要从容应对客户，就要做好以下4个方面：

（1）做一个博学的人。关于产品的知识、关于行业的知识、关于竞争对手的知识，多多益善，这样才能给客户全面的咨询和有针对性的服务。

（2）当客户说到竞争对手的产品的优点时，要保持客观公正的态度，不要恶意攻击竞争对手。

（3）当客户说到竞争对手的产品的优点时，要善于将客户的注意力转移到自己销售的产品上。

（4）与竞争对手互通有无、资源共享，构建和谐的多赢局面。这也是使业绩倍增的重要方式。

演练

一天，正当服装销售人员张彦在给客户介绍一件新款毛衣时，客户说："我觉得上面那家店的衣服款式新，价格也不贵。"假设你是张彦，你如何说服客户买下这件毛衣，而不是去上面那家店买衣服呢？

六、展示中，客户体验产品的时刻

产品展示中一个重要的环节是让客户体验产品。客户体验产品的时刻，产品就能说话，就能激发客户拥有产品的欲望，为达成交易创造条件。

客户体验产品的时刻是关系销售的一个关键时刻。但这个时刻很少自然来临，需要销售人员自己创造时机。根据客户购买心理的转变过程——“AIDMA”流程，销售人员要巧妙地诱导客户进行产品体验。在“AIDMA”流程中，让客户体验的阶段最易让客户产生欲望。因而在客户对产品产生兴趣后，立即引导客户体验是最佳方法。

百货公司的导购会在客户注意一件衣服后，劝客户试穿衣服；建筑公司在房屋促销期间，会邀请客户到现场参观和感受事先布置好的样板房。销售人员引导客户看、摸、听、闻、尝，亲自操作产品，都是让客户在体验产品的时刻，激发需求。

销售人员引导客户体验产品要注意3个方面：

1. 不能让客户有必须购买的顾虑。

谁也不愿意买自己不喜欢的东西，如果销售人员给客户一种试了就要买的感觉，客户是不乐意感受产品的，也就失去了让产品说服客户的机会。

2．提供符合客户需求的体验产品。

如护肤品要适合客户的肤质，衣服要适合客户的身材、年龄和审美情趣等。只有适合客户需求的产品才能激发客户的购买欲望。

3．先不要提价格。

价格容易让客户不愿意体验产品，特别是价格导向型的客户。如果你对自己的产品有信心，一定不要先提价格。人都是感性的，独特而美妙的感受，很容易让他们改变对产品的态度。

保持适度的沉默

当客户体验产品时，客户才是展示中的主角，销售人员要自动成为产品展示的配角，保持适度的热情和适度的沉默，才能让客户尽情体验产品。

一个年轻女子来到一家手机柜台。导购小雨迎了过来，问："需要什么功能的手机？"那位女子回答："能拍照的。"说完以后，客户的眼睛又盯向了别的柜台。

小雨不想错过任何一笔生意，她拿出一款外形小巧的手机推荐道："这款手机是30万像素的，非常适合女性使用，有亮白、浅粉和玫瑰红等多种颜色，具有独特的女性柔感……"年轻女子立即凑过来看。然后，小雨非常熟练地向客户介绍了几款符合客户需求带摄像功能的手机。

当介绍完之后，小雨看到这位女子拿着其中一款书本造型的白色手机反复把玩。这时，小雨就把样机递给这个女子。她看出来，这个女子对这款手机的性能和外形都比较满意。小雨很想促成这笔交易，于是她指着客户手中的那款手机说道："这是刚刚上市的新款手机，销量非常好，但价格相对贵一点，您要不要再看看其他款？"

听到小雨的问话，女子盯了她一眼，眉一皱，将手机放回柜台，扬长而去。

当客户体验产品的时刻，有些客户愿意自己先了解产品，等到他们对产品有一定的了解后，才会针对产品的某些特点咨询销售人员。在他们了解产品相关性能时，如果销售人员在他们耳边喋喋不休地介绍产品的好处，就不识时务了。还有一些客户在体验产品时，会自己反复比较权衡，通常他们对产品事先已了解得比较透彻，此时，如果销售人员企图快速促成交易，不当的言辞反而激起客户的不满。

因此，在客户体验产品时，销售人员要保持适度的沉默，让客户既得到物质满足，又得到情绪满足。

表达适度的热情

在客户体验产品的时刻，销售人员是配角，要保持一定的沉默，但并不是说把沉默进行到底。专业的销售人员在客户体验到一定程度时，会用适度的技巧，强化客户的体验，激发客户的购买欲望。当客户向销售人员询问一些与产品相关的问题时，销售人员就可以针对产品的特点，从视觉、触觉、听觉上为客户设置一些情景。

在化妆品专柜，客户试用粉底液，待粉底液被吸收后，销售人员可以引导客户对着镜子看粉底液的美白、修形效果。客户看了几秒钟后，销售人员可以说：“看肤色变得多好！脸形也更有立体感了。添上点腮红就更好了。这有试用装，涂上一点试试。”

（试用完后）客户自己看效果。

销售人员：“真不错，今年就流行清爽透明的自然装。”

销售人员：“约会的时候化个清爽的妆，会让朋友们更羡慕你。”

客户得意地对着镜子左照照右照照，觉得再美一点就好了。

销售人员：“是不是觉得嘴唇的颜色再添一点就好了？”

客户：“有什么适合我的唇彩吗？”

销售人员：“来支浅粉如何？和你的年龄、皮肤很配的。”

客户没有异议。

几样产品就这样销售出去了。

在客户体验产品的第一步时，一定要让他自己觉得产品能带给他好处，比如美丽、方便等。随后销售人员以适度的热情和技巧，不仅可以促成交易，还可以配搭销售，扩大交易量。

总之，当客户在体验产品的时刻，销售人员保持适度沉默与适度热情同样重要。要应对好这一时刻，就要掌握如下要点：

（1）在客户体验产品的时刻，喋喋不休地讲解是画蛇添足。

（2）说多不如说少，说少不如说好。用精练和适度的语言强化客户的感受才是最好的。

（3）如果不确定自己的话是否对整个销售活动具有积极意义，就不要说出来。

（4）离成功越近越要保持沉默。客户在作决定时尤其需要安静，步步紧逼式的推销会让他们感到窒息。

演练

假设你是个服装销售人员。一天，店里来了一对青年夫妇，他们要买一套男士西装。你给他们介绍了一套名牌西装，妻子有点犹豫，你该如何借助试穿的手段，做成这笔交易呢？在客户试穿的时刻，你该如何做，才会让客户既得到物质满足又得到情绪满足？

七、展示中，诱导成交的时刻

当产品介绍和展示结束时，成交是一件自然的事情。就像农民种植水稻，最终是要收获一样。农民为了缩短作物的成熟周期，为种植其他作物争取时间，通常会主动采取措施，将作物催熟。销售人员要在等量的时间内完成更多的交易，就要主动诱导客户成交，而不是被动地等待客户成交。诱导客户成交的最佳时刻是个比较模糊的概念。但基本条件是，客户对产品比较满意。在这个时刻，销售人员趁热打铁，交易就能一步到位。

主动提出成交

“争取成交就像求婚，不能直接，但要主动。”许多销售人员在展示完成时，对于达成交易的前景变得特别敏感，担心会失去即将到手的交易。在这种心理障碍作用下，销售人员特别关注客户说的每一个字、每一句话，同时，他们也不能主动地提出与客户达成交易，唯恐此举会引起客户的不快而丧失订单。在达成交易之前的这段关键时期，他们往往是在消极被动地等待。而这段时期之所以关键，是因为客户可能利用这段时间与别的产品或已有的产品进行比较、权衡，最终失去交易。而其他竞争者也可能利用这段时间进攻客户。可见，不及时、主动地提出交易，消极、被动地等待不仅浪费时间，甚至会失去交易的好机会。

一个销售人员多次前往一家公司开展销售工作。一天，这个销售人员说："今天签单吧。"这是销售人员无心说出的一句话。谁知那家公司的经理立即拿出一份早就签好了的销售合同，只等他看完签字了。

他问："早准备好了，为什么今天才拿出来啊？"

经理："因为你今天才提出来啊！"

这个案例说明，销售人员要敢于主动提出交易。只要交易条件成熟，就要主动提出交易。通常客户是在等待交易的提出，如果销售人员不主动提出交易，就只有两种结果，要么浪费时间与客户周旋，要么失去客户。

一个客户一种诱导方法

销售人员在诱导客户成交的时刻，要灵活对待客户，如水随形，做到一个客户一种诱导方法，满足他们的需求，促成交易。

一个客户一种诱导方法，就是说销售人员要善于迎合客户的购买动机，找到产品中可以满足客户需求的卖点，诱导客户决心购买。

客户购买产品的动机可分为 2 类 14 种。

一类动机是理智型，表现为 7 种需求：实用、经济、可靠、安全、美感、使用方便、售后服务好；一类动机是感情型，表现为 7 种心理：好奇、希望与众不同、炫耀心理、攀比心理、从众心理、崇洋心理、尊重心理。

销售人员在诱导客户购买的时刻，要把这些购买动机与适当的方法、技巧融合，让客户下定决心买下产品。

1. 重述一次产品最能满足客户的需求点。

这样的重述，强调了你所销售的产品完全能满足他的需求，坚定了他购买的决心，提出交易就很顺利。

一位客户看中了一款符合他需求的滑盖、可摄像、价位中等的手机。

销售人员可以这样说："这个 130 万像素的滑盖手机，实际像素可达 200

万，才1099元，现在购买非常超值！”

记住，一定要重述产品最能满足客户的需求点，只有这样，才能让客户有“如此让我满意的产品怎能不买”的感觉。

2. 强调产品带给客户的利益和好处。

产品展示后，销售人员要善于把产品的特点转化为客户的利益点，指出产品可以给他提供什么样的好处。

标准话术是：“由于这项……（产品功能），你就可以……（产品利益），也就是说你……（好处）。”

产品展示后，销售人员要重点通过强调产品能给客户带来什么好处，诱导客户购买的动机。最好给客户设置一个情景，让客户想象拥有产品的情景。因此，你一定要说好“也就是说……”的内容。

客户需要的手机是130万像素的，你要诱导他成交，可以说：“130万像素的手机，相当于数码相机了，拍照效果非常清楚，可以打印出来。现在天气好，可以去拍点自己喜欢的景物，或去春游拍照，留个纪念。”

3. 问他们的反应、感觉、意见。

销售人员可以用询问客户反应、感觉、意见的手段，为提出交易创造条件。

“您觉得产品怎么样？”

“味道很甜吧？”

“您还有什么要问的吗？”

在提问后，你要听好客户说的每一个字，如果他给了你肯定的答复，就立即提出交易。

但产品展示趋于结束时，销售人员一定要用自己的专业、热情和说服技巧，让交易顺利达成。你要相信自己是在做一件对客户有帮助的事情，你的产品会使他工作、生活便利，你是在帮助他过上幸福的生活。

演练

小万是女装销售人员。一天，一个女客户试穿了一件粉色西装。当客户对着镜子照时，小万说："粉色太适合您了。"客户："是吗？颜色太嫩了点吧！"小万："不会。您的皮肤白，就要穿粉色！"客户："是吗？"

如果你是小万，你觉得这样做合适吗？请说明理由，给出你的应对方案。

第六章

销售跟进中的 6 个重要的 5 分钟

研究发现，对销售真正起作用的是客户表达的明确需求即决策标准。销售人员跟进时，销售的战略重点就是改变客户的决策标准。关键时刻，以一当十。只要销售人员能在关键时刻成功改变客户的决策标准，销售形势立即就柳暗花明，艳阳高照。

一、5分钟内将客户引导向我们的USP

一般来说，产品的特点是客户区别一个产品与另一个产品的基本标准，也是客户购买决策的基本标准。如果销售人员能在客户表达了明确需求后的跟进阶段，有效地影响客户的购买决策标准，就能成功地将产品销售给客户。否则就会因为不得要领，白白浪费时间，最终败给竞争对手。对于那些需求标准很模糊的客户，销售人员要善于在客户表达需求的5分钟内，将自己的独特卖点USP（Unique Selling Point）巧妙地转化为客户的决策标准，为销售做好铺垫工作。

小李是个手机销售人员。一天，来了一个要买手机的女孩，小李对女孩说："您想要个什么价位的手机？"

女孩："无所谓，喜欢、合适就买。"

小李："那您先看看吧。看到合适的可以拿出来看看。"

此时，对面柜台的销售人员在给客户介绍："我们这款手机最大的一个特点是可以连续摄像，带MP3和MP4，内存可扩展到512兆。"

女孩听到介绍后，立刻就转到对面柜台去了。后来，那个女孩在对面柜台买下了那款手机。

很多客户对产品有需求，但他们的需求标准很多时候是比较模糊的，这就

需要销售人员在关键时刻抓住机会，把客户的需求决策标准在5分钟内引向我们的USP。案例中的女孩是一个没有明确需求的客户，销售人员小李只要将自己销售的产品的USP告诉她，就可以赢得销售机会。然而他却没有把握住这个关键时刻，把机会给了竞争对手。

很多出色的销售人员善于用询问的方法，与客户一起互动，将客户的模糊需求变为明确需求，使其与自己销售的产品的独特卖点相吻合，从而让销售顺利实现。

某销售人员得知一位客户要给公司更换一批设备，于是他与这位客户进行了一次面谈。

客户：是的，我想更换原有的设备。我准备先与几个设备供应商接触一下，看谁的设备好。（客户表明需求，但需求比较模糊。）

销售人员：很好！不知您如何判断设备好坏呢？（用询问的技巧，明确客户的决策标准。）

客户：让他们试给我看，一个个比较就知道了。（标准不清晰。）

销售人员：那您主要从哪些方面进行比较呢？（继续用询问的技巧将标准细化。）

客户：我想主要是技术标准、设备功能和价格吧。（表达出具体的、细化的决策标准。）

销售人员：您说的技术标准、设备功能可否理解成运行平稳？（将客户的模糊标准清晰化，引向自己的USP。）

客户："对。好的设备一定要运行平稳，这样才能保证质量稳定，减少维修费用和因维修引起的停产。"（引起共鸣，说明USP的优点，无形中促进客户将其变成购买决策标准。）

销售人员：明白您的意思。这么说您现在的设备运行不稳定，导致产品的质量忽高忽低，不好预测产品质量是吗？（强化自己的独特销售卖点USP。）

客户：对！就是这个意思。（客户赞成了销售人员的意见，将销售人员的运行稳定当作了一个重要的购买决策标准。）

这个案例说明，只要采用适当的询问技巧，就可以把客户心目中诸如质量这类概念比较模糊的产品特点引向自己产品的USP，进而将这个USP转化为客户的决策标准。

销售人员要把卖点转化为客户的重要决策标准，就必须提炼卖点。

提炼卖点的方式

1. 从产品性能找卖点。

产品的性能体现为产品的品质、技术、原料、包装、价格、服务等。这些特点与众不同的地方，都可以被放大为一个独特的卖点。

（1）卖品质。如，养生堂的“农夫山泉有点甜”，雅倩护肤品的“白里透红，与众不同”。

某洗衣粉的“洗得干净，还不褪色呢！”

（2）卖技术。如，乐百氏的27层净化，商务通的“科技让你更轻松”。

（3）卖原料。如，贵州醇强调“好山好水出好酒”，佳洁士采用高档硅为原料等。

（4）卖价格。如，宝洁公司的“惊喜挡不住，汰渍洗衣粉现在只售3.5元”；一本新书的广告：这本书有十个故事，我熬了许多个夜晚才写出来，现在以1元的价格奉献给你，一个故事才1毛钱。

（5）卖服务。以耐用品做得最为出色。如，海尔的“真诚到永远”的“三全”服务，即全员、全时、全面给你服务。

2. 从品牌找卖点。

品牌最能体现企业文化的精髓。品牌是客户购买产品的信心来源。因此，知名品牌和知名企业可以直接用品牌现有知名度销售新产品。这属于品牌延伸。如，天与地矿泉水和酷儿果汁饮料在销售时就突出“可口可乐公司荣誉产品”，宝洁公司更是响亮地喊出“宝洁公司，优质产品”。

3. 从社会观念找卖点。

观念看起来好像与产品的关系不大，却无声地实现了诉求。观念涉及的主

体可以是某种情感、人生、健康、运动、爱情、生活方式、公益、文化、梦想，甚至战争等。

（1）卖情感。如，雕牌洗衣粉的“妈妈，我可以给你干活了”，以孩子对母亲的理解和支持来突出卖点，戴比尔斯钻戒的“真情恒久远，一颗永流传”。

（2）卖时尚。手机、数码产品常以时尚为卖点。如，乐事薯片以孙燕姿为代言人，可口可乐以刘翔和 S. H. E 为代言人，体现出“关注运动和娱乐的时尚”。

（3）卖公益。如，宝洁公司捐助西部学校，农夫山泉捐助希望小学。

（4）卖观念。如，安利纽崔莱的“健康成就未来”。

（5）卖梦想。如，移动通信的“沟通从心开始”。

产品本身可能有许多卖点，但在特定阶段我们提炼和传递的独特卖点只能是一个。如果卖点太多，反而没了卖点，客户也记不住太多卖点，很难留下深刻印象。

将卖点转化为客户购买决策标准的“三步法”。

在提炼了产品的卖点后，销售人员就可以用一套技巧把产品的卖点转化为客户的购买决策标准。这个技巧可分为三步：“明确”“细化”“成功转化”。

明确

这是指明确客户心目中的标准。销售人员一定要让客户以自己的方式去明确产品的“特点”。千万不要先入为主地去给客户灌输你的销售卖点。你可以用开放式的提问，让客户充分地表达自己的观点。这样你就可以从他的回答中找到切入点，巧妙地引进自己所销售的产品与之相关的特点。

销售人员：那您主要从哪些方面进行比较呢？

客户：我想主要是技术标准、设备功能和价格吧。

细化

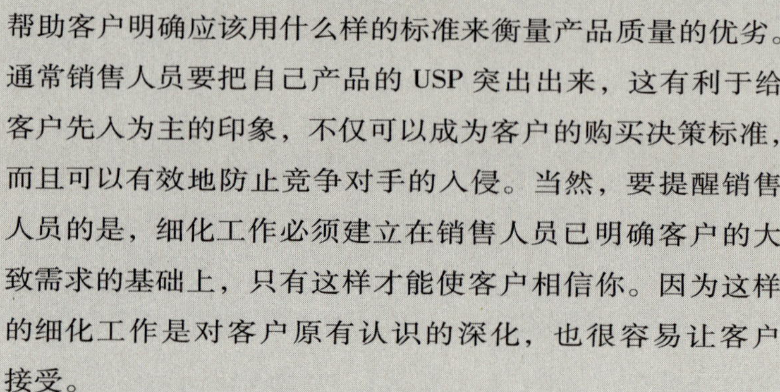
细化的过程，主要依赖销售人员自己的专业知识，来帮助客户明确应该用什么样的标准来衡量产品质量的优劣。通常销售人员要把自己产品的 USP 突出出来，这有利于给客户先入为主的印象，不仅可以成为客户的购买决策标准，而且可以有效地防止竞争对手的入侵。当然，要提醒销售人员的是，细化工作必须建立在销售人员已明确客户的大致需求的基础上，只有这样才能使客户相信你。因为这样的细化工作是对客户原有认识的深化，也很容易让客户接受。

客户：我想主要是技术标准、设备功能和价格吧。

销售人员：您说的技术标准、设备功能可否理解成运行平稳？

成功转化

就是将细化的标准，成功地引导到自己产品的独特的销售卖点上来。此时，销售人员要将自己产品的卖点形象化，具体转化为客户的利益。

销售人员：明白您的意思。这么说您现在的设备运行不稳定，导致产品的质量忽高忽低，不好预测产品质量是吗？

客户：对！就是这个意思。

只有将自己的卖点转化为客户的切实利益，才能引起客户的共鸣，得到客户的认可，才会让他自觉地将你的独特的销售卖点变成他的重要决策标准。

在与客户面谈的关键时刻，销售人员如果能花 5 分钟用“三步法”成功地

将自己的销售卖点USP转化为客户的决策标准，就可以让自己的产品与客户的需求吻合，让自己的产品成为客户的首选，再辅以恰当的成交技巧，成交就势在必得了。

假设你是广州某品牌电磁炉的销售人员，一天，来了一位客户，她对电磁炉的了解仅限于奔腾电磁炉的广告。你如何成功地将自己销售的产品的USP转化为客户的购买决策标准呢？请写出你的方案。

演练提示

方案中的资料要求翔实、可靠。可以参考和查阅相关品牌电磁炉的宣传资料。

二、5 分钟内将产品的优势变成客户最重要的决策标准

销售人员在与客户接触的时候，会发现客户的决策标准不止一个，对这些标准的认识也比较模糊。在这个时刻，销售人员必须抓住机会影响客户的决策标准，才能为销售创造机会。如何才能在 5 分钟内有效地影响客户的决策标准呢？

销售人员可用“田忌赛马，以强击弱”的策略，即把自己的优势变成客户最重要的决策标准，达到销售的目的。

客户：价格是我们要考虑的重要因素之一。（客户说出了一个决策标准。）

销售人员：这个是自然的。但这类工业品的价格构成非常复杂，根据采购量的大小，变化因素也是很多的。（用专业的观点来“套”客户的真实想法。）

客户：是的。我们希望得到一个最优惠的价格。我们可以长期合作。（客户也甩出一个诱饵。）

销售人员：据我了解，我们的产品无论质量还是价格都是最有竞争力的。（尽管你的最大优势是价格，但你仍然要强调质量，这样才能让客户放心。）

客户：可是你们的单价比 ×× 公司高了 1 美元。（否定了销售人员的观点。）

销售人员：是的，但你不知道，根据采购量的大小，我们会有适当比例的赠送。这样我们的实际价格比他们优惠。（引出自己的最大优势——按采购量赠送。）

客户：赠送？（客户疑惑。）

销售人员：比如采购满1000美元，我们赠送价值100美元的产品。（将客户的疑惑消除。）

客户：OK。我们可以考虑这个方案。

在案例中，销售人员用行家的姿态赢得了客户的信任，同时又在客户的决策标准之一——价格中，引进了“赠送”这个更细微的决策标准。而“赠送”又正是销售人员所销售的产品在价格策略中的最大优势，击败了没有赠送政策的客户。并将这一优势转变成为客户最重要的决策标准了。

事实证明，产品与客户购买决策吻合度越高，销售越容易成功。因此，在与客户谈交易的关键时刻，特别是客户的购买决策标准已经确定，但自己产品的最大优势并没成为他们最重要的决策标准时，销售人员要善于抓住机会，最好在5分钟内，将自己的最大优势，鲜明而强劲地输入到客户的头脑中，使之成为客户最重要的决策标准。记住，一定要在5分钟内，那是最好的。时间过长，信息量过大，不容易让客户记住，留下深刻印象。

这样做是完全可行的。客户最看重的是什么？是你的优势。只要是你产品的优势，而且又恰能满足他的需求，你就要最大限度地发挥你产品的优势，将客户吸引过来。

销售人员要在与客户面谈的关键时刻，在5分钟内，简明扼要地将自己产品的最大优势巧妙地转变为客户的重要决策标准，就要努力做好几个方面的准备工作。

确认自己产品的最大优势

一个产品具有许多特点，与其他产品相比也有不同的优势。如何在竞争中，让自己的产品脱颖而出，销售人员就要善于确认自己产品的最大优势。

特点决定优势。销售人员主要通过关注自身产品的特点来找出产品的优势。产品的特点又分为可见的“硬特点”和不可见的“软特点”。“硬特点”指价格、型号、兼容性、外观等，“软特点”指质量、运行情况、安全性能、售后服务等无法直观感受到的特点。因此，“硬特点”突出的产品以其直观的特点更容易被推销。

如果你的产品在“硬特点”上具有竞争优势，就要善于把“硬特点”放大。通常的广告术语就会用凝练的语言把“硬特点”表现出来。如：

LG冰箱广告语：一个更清凉，两个更强劲。

创维彩电广告语：不闪的才是健康的。

西门子冰箱广告语：0℃不结冰，长久保持第一天的新鲜。

如果你的产品的最大优势是“软特点”，你就要把“软特点”确认为自己的最大优势。在确认自己产品的“软特点”时，你要参考较多的技术参数以确定自己的产品的“软特点”确有竞争力。即使你的产品的这个特点确实是行业中做得出类拔萃并有多年口碑的，你也仍然要小心应对，因为这些也可能在被对手逼近。

确认自己产品的优势，目的就在于增强销售人员自身的自信。在面谈中抓住机会，为优势的导入找好感觉。

展示产品“硬特点”的优势

产品的“硬特点”具有直观、明显的特点。如果此特点又恰好是客户的决策标准之一，销售人员在与客户进行旨在影响客户购买决策的面谈时，就要在客户谈到相关标准时，及时展示“硬特点”的优势，借助广告术语或其他展示技巧将此“优势”放大。

价格是很多消费者购买产品时十分看重的一个因素。某手机销售人员因其手机的采购渠道比较特殊，在价格上很有优势。因此，每当遇到比较在乎价格的客户时，销售人员就会指着一张写着“全市最低，15日内补还双倍差价”的宣传单，坚定客户的购买信心。

展示产品“软特点”的优势

产品的“软特点”因其不具备直观性，不容易被直接推广，销售人员在谈到关于自己产品优势的决策标准时，就要精心策划布局，小心使用技巧，让客户自觉地把自己产品的最大优势变为最重要的决策标准。

现以一位销售人员销售设备为例，说明一系列技巧。

1．机会出现，出手“准”。

当客户一提到利于展示自己产品“软特点”优势的标准时，立即迎上。

客户：我们目前装配设备的速度赶不上生产设备的速度。现在正在考虑更换装配设备。

销售人员：这么说你们更换的设备一定要求速度快了？

2．认同客户的标准，并将其强化。

用同理心，与客户产生“共鸣”，并用专业内行的话，指出这个标准的重要性。

客户：是的。这是个硬标准。

销售人员：理解。只有速度一致，才不会造成产品积压，并可减少管理成本，对吧？

3．以更高的标准彰显优势。

之所以是优势，就是标准更高，与客户的要求非常匹配。

客户：是的。不知道你们的装配设备速度如何？能不能跟上我们的生产设备？

销售人员：没问题。我认为甚至会比你们的生产设备的速度更快！

4．用数据、老客户的使用反馈表、权威检测机构的检验报告等材料证明优势的可靠性。

空口白牙，难免给人不可信的感觉，权威资料易加深产品给客户的印象，也可消除客户顾虑。

客户：是吗？

销售人员：看我的计算结果。这里还有老客户的使用情况反馈表、××机构（权威的）的检测报告。

销售人员只要抓住面谈的关键时刻，顺利地将自己产品的“优势”变为客户采购的重要决策标准，就会先声夺人。即使竞争对手采用同样的手段来影响客户决策，其效果也会逊色不少。

演练

有一家公司为了增加产量，提高市场占有率，决定购进一批设备。其中交货期、价格、售后服务都是决策标准。如果你是某二手设备的销售人员，你的产品最大的优势就是价格，你在与该公司采购员面谈时，如何将自己的价格优势变为客户决策的重要标准呢？请写出你的方案。

演练提示

价格虽然是个“硬特点”，但处理不好很容易引起客户的怀疑。所以在使用这个优势时，要小心。

三、5分钟内将处于劣势的决策标准变为重要的决策标准

有些客户在采购时，早就根据企业本身的情况，定出了一系列的采购标准。当你在与客户沟通时，得知自己产品的优势处于购买决策标准中的劣势后，就要立刻采取策略，把你的产品的强项宣传出来，转变客户的认识，让你产品的强项变为客户采购的重要决策标准，你的产品才会在竞争中脱颖而出。否则，就会因产品与采购标准吻合度不高而失败。当然，在5分钟将标准转变成功，给客户留下印象也是十分重要的。否则，在激烈的竞争中，就会被竞争对手淹没。

假如一位客户想换一台豪华对开门的冰箱，而你的产品的最大优势是节能、分区保鲜、智能显示，那么，你就要将对方冰箱的“硬特点”模糊化，成功导入自己产品的最大优势。

销售人员：您说您家冰箱式样陈旧，想换一个新的？

客户：是的。我家冰箱用了好几年了，制冷保鲜能力下降，耗电多，样式也过时了，我看到别人买的对开门很不错。（说出不满。）

销售人员：我觉得冰箱这类家电，耐用节能是关键。至于款式，要根据情况来定。有些豪华款式就像时装一样容易过时。（模糊处理自身产品不具备的优势。）

客户：可对开门是趋势。（说出自己的需求。）

销售人员：这个不好说。我们干这行的，也拿不准。不过对开门的空间都比较大，如果厨房比较大，放一台也的确不错，现在还有时尚饮料台，频道显示等功能也比较人性化。不知道×先生家的厨房有多大呢？（避实就虚，根据客户的情况，觉得对开门不太适合他。）

客户：我家的厨房比较小，我想把它放饭厅。（仍然坚持原来的决策标准。）

销售人员：哦，是这样。那我给您一个建议您看怎么样？（温和的导入方式。）

客户：说来听听。（引起了兴趣，决策标准动摇。）

销售人员：对开门因为新潮，所以比较贵，而且它的体积是普通冰箱的两倍多。一般的冰箱200升也不小了，功能也很好，节能环保、分区保鲜、智能显示也都有了，更适合公寓楼使用。冰箱小一点，饭厅宽一点，来个客人吃饭也舒服些。你说呢？（分析合情合理，为客户想得周到。）

客户：那就听你的吧。（完全被说服了，决策标准被改变。）

了解到客户的旧冰箱样式陈旧、耗电量大、制冷保鲜效果不好等情况，客户看上豪华对开门冰箱的心理，这个销售人员采用避实就虚策略，用真诚地为客户着想的态度和技巧，说服客户放弃购买豪华对开门冰箱的购买标准，改买了经济实用型冰箱。

从这个案例我们可以知道，购买小商品的客户，其购买决策标准容易被销售人员改变。其改变策略如下：

1. 探清客户制定标准的理由。

一些购买小商品的客户，其购买决策标准中攀比、从众的心理因素比较多，其基础并不太牢固。销售人员只要略施小计就可以清楚他们为什么会制定出这样的决策标准。

2. 将自身产品更适合客户的优势与强项告诉客户，动摇客户原来的决策标准。

正因为购买小商品的客户的购买决策比较模糊，甚至有些盲目，所以销售人员以专家的身份给出更适合他们自身情况的购买决策，就非常容易动摇客户原来的购买决策标准。

3．促使标准转变成功。

用合理的建议、自信的语气、真诚的态度，让客户觉得你的标准是更科学、更利于他的标准，促使他自觉改变决策。

当购买小商品的客户的购买标准使你的产品的强项居于劣势时，销售人员可以三招制胜，成功转换客户的购买决策标准。那么，在与大客户沟通的时刻，出现同类情况，销售人员又该怎么办呢?

客户：我们的产品对技术性能指标要求非常高，因为要适应这里的恶劣环境。(提出决策标准。)

销售人员：是的，这是个不容忽视的标准。(用同理心，与客户心理同步，为下一步沟通奠定情感基调。)

客户：你们的技术参数我看过了，还行。但×公司的参数更适合我们。(暗示出销售人员的产品居于劣势。)

销售人员：技术还可以在交货前继续改进。你们的交货期紧吗?(以退为进，引出自己的优势。)

客户：唉，交货期也很紧啊！过了6月，施工就很困难了。我们还要赶在冬季来临前使用。你们的交货期需要多长时间?(客户说出另一个比较重要的购买决策标准。)

销售人员：我们只需要3个月就可以将货交齐，不会影响你们2月开工。(突出优势。)

客户：哦。(引起了思考和关注。)

销售人员：我想你们的工期是很紧的，耽误一天，就给施工多增加一天难度。一旦交货不能保证，工程进度就受严重影响，损失就很严重了。为了让你们的工程如期开工，我们将进一步改进技术，5天内给你详细的检测报告。(一手突出优势，一手改进劣势，并巧妙增强客户的危机感。)

客户：那好吧。关键是几个重要指标一定要达到标准。(客户关心的“质量”标准变为“交货期”标准。)

销售人员在得知自己最强的优势并不是最重要的决策标准时，从自己的强项可以给客户带来多少利益为切入点，巧妙强化优势，成功地改变了客户的决策标准。

在得知自己的优势处于客户购买决策标准中的劣势地位时，面对大客户的销售人员，可以按如下步骤改变客户的决策标准：

1．争取客户的情感认可。

当销售人员得知自己产品的优势不是最重要的决策标准时，一定要冷静，不要自己先乱了阵脚。得到客户的情感认可，他才会考虑你的建议。

2．指出客户决策标准对客户的不利，增强客户的危机感，同时引出自身产品的强项。

客户所有的购买决策标准都是为了“趋利避害”。如果你能让客户的利益得到最大保障，说服就成功了一半。在这个案例中，销售人员采用了“以退为进”的战术，成功地突出了自己产品的交货期优势。

3．用扬长补短的措施消除客户的顾虑，促使客户改变决策标准。

扬长补短的行动既是对客户利益的保障，也是促使销售成功的关键。只有一方面消除客户顾虑，另一方面满足客户的需求，才能促使客户将采购决策标准的重心倾向于你。

在销售工作中，当发现自己的优势处于客户决策标准中的劣势时，销售人员最重要的一个销售步骤就是引出自己的优势，然后用危机和利益给客户双重压力，动摇客户的决策标准，从而让自己产品的优势成为客户最重要的决策标准。

演练

客户：这双鞋的样式还可以，不过我觉得鞋跟太矮了。

销售人员：您说鞋跟太矮了？您个子不矮，没必要穿太高的跟，再说现在流行平跟呢！

客户：我有一条牛仔裤，比较长，我想要一双高跟鞋。

销售人员：牛仔裤可以挽起边啊！现在也很流行这样的穿法。

客户：我那条裤子是微喇的（裤子的裤腿从上到下微微扩大，像微型喇

叭。简称微喇)，我很喜欢那条裤子。

如果你是销售人员，你该如何来改变客户的决策标准呢？请给出你的方案。

演练提示

这个案例中，改变客户的决策标准的角度比较多。销售人员要尽可能从几个角度来改变客户的决策标准，并选出最好的角度。

四、5分钟内将客户没意识到的重要决策标准告诉他

有时候，客户的决策标准并不是最科学的。销售人员在与客户面谈时，如果发现客户遗漏的重要决策标准恰好是自己产品的优势时，就要抓住时机，在5分钟内将这一标准告诉客户，并让这一标准成为客户最重要的决策标准。否则一旦错过这个时刻，整个生意就泡汤了。

售后服务是弱项的竞争对手在向客户推销时，售后服务就可能被竞争对手弱化为可忽视的决策标准，让他们的价格优势成为最重要的决策标准。所以，售后服务是强项的销售人员就要为客户建立售后服务很重要这一标准，并促使客户把这一标准定为最重要的决策标准。

客户：此次采购我们非常看重价格。（客户最关心的是价格。）

销售人员：价格的确重要。但售后服务也很重要吧？（希望客户重视售后服务。）

客户：这类产品基本上不需要什么售后服务，即使维修也很简单。（否定了售后服务的重要。）

销售人员：××先生，我可否冒昧地问一句，这是不是B公司给您推销的结果？（准备削弱竞争对手的优势。）

客户：这个我不能告诉你。这是商业道德。

销售人员：不管谁给您推销的，这对我来说不重要。重要的是我想告诉您，这个销售人员对客户极不负责任！我们公司是本行业的领头羊，我可以肯定地说，售后服务对这类产品非常重要。（用自信暗示客户考虑售后服务标准。）

客户：质量有保证的产品，售后服务就显得不重要了。（有些动摇。）

销售人员：可以给我5分钟吗？我以我10年的从业经验，来说明售后服务的重要。（用限制性条件，争取到说服机会。）

客户：好吧。

销售人员：这已经是第三代产品了，基础技术已经比较成熟，所以大的故障基本不会出现。但很多高端、人性化设计方面的技术却不是很成熟，很容易由于操作不当引起一些小的故障。如果不是专业人员，是比较难解决的。而且，你们公司主要以女性员工为主，这样售后服务就显得非常重要了。如果以你们每个员工耽误1小时损失50元计算，你们有40台机子，每月有3台机子出现故障，耽误1个工作日算的话，损失大约是1200元吧！而他们的价格比我们每台只少200元，40台少8000元而已，但没有售后服务的隐性损失1年最少是12000元。（用数据说服客户，强调以售后服务为重要决策标准是更符合长远利益的决策标准。）

客户：好吧。把你们的销售建议书给我们一份，主要是费用的数据。（客户由关心价格变为关心售后服务，自己产品的优势转成为重要的决策标准。）

当自己所售商品的优势不在客户的决策标准中，此优势又是客户忽略的最重要的决策标准时，这位销售人员采用高超的说服技巧，超越了客户原有的标准，并为客户建立了新的决策标准，成功地将自己产品的优势转变为客户最重要的决策标准。

在实际销售中，销售人员也可以根据实际情况，让客户把自己的优势增添为最重要的决策标准。要做到这一点，需要注意以下几点：

1．具有专业眼光，明确客户忽略了的最重要的决策标准。

专业性在销售中，怎么强调都不过分。没有行家的、专业的眼光，想要让客户把自己的优势增添为最重要的决策标准，对销售人员来说比较困难，对客户来说，也不足以动摇他的决策标准。

对于决策标准已经定好的客户，要促使他增添新的决策标准，关键就在于弄明白客户的需求动机，这样才能有效分解其需求，为自己产品优势的介入找到合适的机会。所有的决策标准都是从利益的角度出发的，无论是金钱，还是名誉。只要找到客户的需求动机，就可以成功地将自己的强项变为客户的重要决策标准。

某公司要采购一批设备，工程师会考虑价格，比工程师级别高的管理人员，更看重环保。如果你的产品还有环保优势，你就可以超越客户原有的价格标准，通过高层管理人员把环保列为重要的决策标准。

2. 敢于超越客户原有的标准。

尽管客户已经有了“先入为主”的决策标准，销售人员仍然要敢于超越。在与客户面谈的时刻，没有机会，销售人员就要敢于创造机会。特别是要善于用自己的优势，让自己在竞争中，后来居上。

某手机销售人员，他所售的手机最大的优势是有 MP4 功能，从长远来说，也不容易被淘汰。但价格相对贵一点。一天，一个小青年来买手机。他说他想买便宜点的手机。于是这位销售人员就给他介绍了几款低价位，但趋于淘汰的手机。客户不满意。

另一位销售人员，则大胆地从年轻人爱美，喜欢新奇的角度，引入了 MP4 代表一种娱乐化生活方式的概念。结果这个小青年喜滋滋地买下了那款手机。

这就是说，在某些时候，特别是客户对行情了解得不是很透的时候，他们的决策标准可能并不科学，这时销售人员就要善于改变客户的决策标准，并抓住客户的心理，将自己产品的强项变为客户的购买决策标准，如此才能销售成功。

3. 要具备有效的说服力。

说服力是销售人员提升业绩的必备能力。这是将自己的热诚、信心和专业转移给客户，得到他们信赖的重要武器。

销售人员要善于用“诱导”“询问”“陈述”三个技巧来增强自己的说服力。如：

客户：通常从外观看。质量好的产品外观都不错。（说出一个决策标准。）

销售人员：如果有几种产品摆在您面前，您如何判断哪个产品质量好呢？（用询问将标准清晰化。）

客户：表面抛光度是个重要的标准。质量好的产品，表面抛光都不错。

销售人员：抛光好的产品，油漆上好后，颜色也不错，表面还很光洁。（用同理心达到与客户心理同步，同时诱导客户。）

客户：是的。我们也看重表面光洁度和油漆颜色。

销售人员：除了表面抛光、油漆颜色能反映产品质量外，还有其他衡量标准吗？比如接口处的连接方式？（用询问引出自己的优势。）

客户：对！接口方式也很重要。但有些产品的接口不光滑，是什么原因啊？（客户发现不足。）

销售人员：您说的是一般技术焊接的接口。我们公司使用的高频点焊技术接口光滑，永不脱落！（简洁、对比鲜明的有效陈述。）

演练

小袁是一位汽车销售人员。他卖的汽车最大的优势，就是耗油量比同价位的车少。一天，来了一位客户，他在比较了几款车后，决定在外形漂亮的车中挑一款。此时，还有几位销售人员也在跟进这位客户。

如果你是小袁，你该如何改变这个客户的决策标准呢？请写出你的方案。

五、5 分钟内重新定义客户的决策标准

有时，客户的重要决策标准条件苛刻，很难满足，同时又面临众多竞争对手。在此关键时刻，销售人员切忌试图说服客户认可这个标准不重要。你越是告诉客户这个标准不重要，客户越会坚持这个标准。

为了击败竞争对手，销售人员可采用偷换概念的方式，重新定义客户的决策标准。这个策略是将客户决策标准的原意变成自己心中的，符合自身产品优势的标准，并征得客户的认可，从而达到销售的目的。如：

销售人员刘霜销售的设备质量不错，故障率低、可靠性强，且操作很简单，但有一个缺点就是运转速度慢。他的客户想提高产量，就准备买一台运转速度快、能提高产量的设备，自然就提出了“运转速度快”的决策标准。眼看客户就要与竞争对手签单了。一天，刘霜想办法和客户见了一面。面谈时，客户又提到了运转速度的问题。

客户：我要提高产量，设备的运转速度必须快啊！（提出决策标准。）

刘霜：我理解您的意思。不过我想问一下，您指的高产量是指日产量还是全年产量呢？（用询问的技巧，分解客户的决策根据。）

客户：日产量高，年产量自然就高了。

刘霜：通常情况下是这样的。但您有没有考虑过，机器因故障而停止生产

所引起的产量减少这个因素呢？俗话说："不怕慢，就怕站。"您可要考虑故障引起的停产因素哦。（引入对手的弱点，分析潜在不利。）

客户：这个因素我倒没怎么考虑。经常出问题的确是个令人头疼的问题。（思考刘霜提出的潜在隐患。）

刘霜：另外，产量高低还与时间有密切的关系。操作简单的机器，可以有效地节约时间，让设备有更多的时间运转。（引入优势。）

客户：这也的确可以弥补运转速度慢的不足。（客户自觉认同。）

刘霜：您看我给您计算一下，两种设备最终生产产品的数量。（用数字说明利益。）

……

刘霜：您看是不是我们的设备年产量还要高些？不信您再算算！

此次面谈后，客户将运转速度、操作简单、故障率小都列为采购的决策标准了。

刘霜的设备的优势是操作简单、故障率低。他把客户的"运转速度快"定义为操作简单、故障率低、运转速度综合作用的结果，从而在这个定义中整合进了自己产品的优势，使产品操作简单、故障率低的特点成为客户的重要决策标准，满足了客户提高产量的心愿。

"重新定义"客户的决策标准实质是销售人员采取利于突出自己优势的方式去解释客户的决策标准。这种"重新定义"客户的决策标准的策略，常常可以在销售陷入被动时，让销售"绝处逢生"。

因此，当销售陷入被动时，销售人员一定抓住与客户面谈的机会，重新定义客户的重要决策标准，分解、添加或扩展、转移原来的"决策标准"，让自己的优势与强项占据主导地位，由被动变为主动，让销售局面豁然开朗。

在运用"重新定义"客户的决策标准这一策略时，有几个方面是销售人员一定要注意的：

1. 挖掘客户制定决策标准的需求动机。

销售人员只要挖掘客户制定决策标准的需求动机，就可以找出许多满足其动机的途径，然后从多条途径入手，找出满足客户需求的方法。如，销售人员刘霜的客户，其需求动机就是为了提高产量。运转速度快的设备可以帮助客户达到目的，故障率低、操作简单的设备同样能让客户达到目的，而且效果更好。

2．分解客户决策标准，寻找既能满足客户动机又符合自己产品的优势和强项的决策标准。

通过分解客户的决策标准，销售人员会发现有很多途径可以满足客户的需求。为了取得竞争优势，销售人员有必要找出符合自己产品优势的决策标准。

3．包装自己的优势和强项。

有些产品的优势和强项涉及技术问题，销售人员在找出产品的优势与强项后，还必须与产品的设计者、老用户沟通，为自己的优势与强项找到更多的支持者。在这个过程中，销售人员学习和揣摩通俗易懂、易于被客户接受的讲解方式和语言是非常重要的。将产品的特点，转换为客户利益的表述能力需要事前的精心准备和练习，这样才能在关键时刻收放自如、主导面谈。

4．采用偷换概念的方式，将自己的优势和强项整合在客户的决策标准中，让客户接受。

有个客户的决策标准是操作简便，但销售人员的产品在操作上却比较烦琐。为了利于销售，公司可提供免费培训。根据现有条件，销售人员就采用了重新定义客户要求操作简单的决策标准，实现了销售目的。

客户：产品一定要操作简便。

销售人员：越熟练就越简单，对吗？

客户：当然，熟能生巧。

销售人员：为了让你们公司的操作人员都成为熟手，我们公司提供免费培训，时间只要半天，包教包会。如果你们有特别要求的话，我们可以延长培训时间。

客户：那好。说到做到！

王平是一位手机销售人员。现在公司正在热推一款由MP4、MP3、可连续

摄像、真人真唱、500组名片、64兆内存的新型手机。一天，从销售MP4柜台的方向，走来了两位买手机的年轻人。

王平：两位需要什么功能的手机？

客户：价位低一点，1000元左右的吧。

王平热推的这款手机价格却是1699元，如果你是王平，你如何成功说服客户买下这款热推型手机呢？

演练提示

要运用“重新定义”客户决策标准的策略说服客户购买。限时5分钟。

六、5 分钟内用替代方案满足客户需求

销售中，销售人员面对激烈的销售竞争，能争取销售机会的时间常常就只有5分钟，错过了这5分钟，机会就是别人的了。即使客户的要求非常苛刻，所要求的产品功能是销售人员的产品所没有的，或他所要求的一些条件是难以办到的，销售人员也要逼迫自己在5分钟内寻找到替代方案满足客户需求，转变客户决策标准，抓住销售机会。

在客户提出苛刻的供货条件的时刻

关键时刻，用“寻找替代方案”的策略来满足客户的需求，是另一种扭转销售绝境的好策略。

在一次供货招标会上，客户要求产品供应商3小时内交货。这对于离该厂很远的供应商来说是个根本达不到的标准。通常客户都是要求3天内交货。竞标开始了。

客户：我们要求供货商在接到供货通知3小时内，将货送到。（客户的决

策标准很苛刻。)

供货商一片哗然。

销售人员张某：请问你们为什么对供货时间卡得如此紧？（用询问的技巧挖掘客户决策标准的根据。)

客户：我们企业的设备是大型流水生产线，零件使用量特别大。如果某种关键零件缺少，整个生产线就会瘫痪。

现场再度闹哄哄。

销售人员张某也在冥思苦想，突然他灵机一动，想出了一个好主意。

销售人员张某：我有一个建议，不知贵公司是否同意？（用询问的技巧达到与客户情感同步。)

客户：请讲。

销售人员：如果贵公司肯在生产线旁边提供一小块地皮，我们愿意为贵公司设一个零件临时备用仓库。这样我们可以保证在15分钟内将货送到。而且货款按当月零件出库的实际金额结算。(提出自己的替代方案，赢得优势。)

客户内部讨论。

客户：OK。我们成交了。（将客户的“3小时内供货”决策标准改变为“在加工车间旁建临时仓库”的决策标准。)

销售人员张某能在无法满足客户需求的关键时刻，创造性地想出满足客户需求的替代方案，体现了一个出色的销售人员解决问题、转化问题的能力。

关键时刻，用替代方案在竞争中脱颖而出，是销售人员非常渴望的时刻。这并非可望而不可即，只要销售人员在平时认真努力做好3个方面的准备工作。

1. 创新思维的训练。

非常时刻要有非常方法。不同寻常的方法来自思维的创新。销售人员要想在关键时刻“急中生智”，就要在平常下苦工夫，有意识地培养自己的创新精神和创新能力。在遇到一个销售问题时，不仅要学会从常规的角度去理解和解决问题，还要有意识地要求自己从其他的角度去寻找解决销售问题的方案，并比较优劣；总结生活中的同一种销售现象发生时，不同的销售人员解决问题的方法，分析他们各自的思维方向、思维方式，并将对自己有启发的地方记录下来，在实践中有意识地运用。

2. 学习关于思维突破的知识。

“知识就是力量。”思维规律的知识是销售人员在关键时刻“急中生智”的引路人。销售人员可以针对销售中可能遇到的销售难题，有意识地培养自己的求异思维、求同思维、想象能力、联想能力。

3. 培养自己的智囊人物。

在关键时刻，销售人员要善于借用“外脑”，实现“智慧连线”。这里的“外脑”指销售人员平时培养的智囊人物。这些智囊人物多为与自己销售的产品相关的行业资深人士、专家，同公司的销售精英，也可以是一些资深的销售顾问。在关键时刻，行业资深人士、专家可以为你提供更多的内部资料；同公司的销售精英可以用丰富的经验为你提供各方面的协助，资深的销售顾问可以给你全新的解决问题的思维方式和方法。

做足了准备工夫，在不能满足客户需求的关键时刻，销售人员就可以根据情况，借助各方力量寻找解决难题的替代方案。

在产品的功能不能满足客户要求的时刻

客户的要求总是多种多样的。因此，产品并不能总是满足客户的个性化需求。在销售中，销售人员总会遇上一些要求多功能的客户。

一个客户需要带有收音机功能的手机，而销售人员所销售的手机却没有一款手机带收音机功能。

难道销售人员就要放弃这个客户吗？不必，试着用替代方案就可以解决这个问题。

销售人员：您想要一款带收音机功能的手机？

客户：是的。我特别喜欢听广播。这样可以很方便地接收到很多信息，而且花费低。

销售人员：真是个会过日子的人。其实另外买个收音机不就得了。现在收音机很便宜，而且单做的，效果肯定比集成在一起的要好得多。现在的收音机都做得很小，很多 MP3、MP4 也带收音机功能，你再另外买个收音机、MP3 或 MP4，效果又好，又便宜，还可以单独使用，多好啊！

客户：这样也行。

当客户要求有更多功能时，销售人员就可以用替代方案满足客户需求，实现销售的目的。

只要有销售，就会有各种各样无法满足客户需求的时刻出现，就会有无数要销售人员在5分钟内提出解决方案的关键时刻，“寻找替代方案”的策略无疑是应对此种时刻的最佳策略。只要掌握了这种策略，你就是笑在最后的赢家!

演练

张玲是个设备销售人员。一次，客户要买一套设备，要求溶剂储藏罐有保温功能。但她销售的设备，却没有保温功能。于是她选择了放弃。如果你是张玲，你会怎么做呢？你可以用替代方案满足客户需求吗？如果可以，请给出方案；如果不可以，请说明理由。

演练提示

客户使用的溶剂是可以加热的。

第七章

成交前的6个关键时刻

销售和踢足球一样，最关键的是临门一脚的技巧。销售人员要做好成交的关键动作，就要耳灵、眼亮、心悟、嘴勤、手快，这样才能一网打尽成交前的6个关键时刻，打一场漂亮的成交歼灭战。

一、客户对价格产生异议的时刻

“能不能再便宜点?”

“太贵了，我只给50元。”

“价格再下降5%，可以吗?”

通常，在客户对价格产生异议的时刻，销售人员就开始高兴了，因为成功在即。悠着点，这只是成功在即。当money没装进你的荷包时，一定要十二分认真地对待这个时刻。

在客户对价格产生异议的时刻，销售人员一定不要为了满足客户的需要，一味地迎合客户，担心价格太高而失去客户。因为价格不是决定销售成败的唯一因素，关系销售成败的还有产品本身，产品的服务以及产品的附加值，如购买产品拥有的优越感、一种新的生活方式等。市场领导者很少是最廉价的，销售人员面对价格异议要做迎风而上的风筝，而不是随风飘动的云。

此时，正确的应对策略是销售人员应该利用一切可能的机会在客户脑海里形成价值而不是价格的观念，让客户认可产品的质量或服务给客户带来的好处。

销售人员在回答价格问题之前，应该想办法搞清楚客户到底是在拒绝什么，他们的拒绝理由基于事实还是错觉。你只有弄明白了客户产生价格异议的真实理由，才能提供适当的信息，让客户真正认识到商品的价值与好处所在，让客户拥有“物超所值”的心理；才能合理处理价格抗拒，促进销售工作的进

行。

在实际销售工作中，可以运用这样一些技巧帮助客户了解商品特色，并真正了解商品的价值及优点所在。

釜底抽薪法

当产品的价格与其他竞争者差不多时，如果客户仍对产品价格产生异议，可能就是因为客户想通过心理战，要求销售人员对价格作出让步。

在这个时刻，销售人员就可以用釜底抽薪的策略，借助适当的沟通技巧，应对客户的价格抗拒。如：

"您认为我们卖得太贵，您是与哪个厂家、哪个牌子、哪种规格的机型相比较的呢？"

"如果您发现谁比我卖得更低，15天内，您可以拿来退货。如果属实，我返您双倍差价，如何？"（此话一定要在你真正做得到的情况下说。）

"您能不能告诉我，××品牌××规格的空调是什么价吗？"

"我干这行的，××等离子电视与我们的价格差不多，而……（公司产品相对××品牌的优势及运作方法），您还担心什么？"

通过反问客户，以自信而温和的口气，打消客户以为销售人员不了解市场而刻意压价的想法。

物有所值法

当产品的价格的确比竞争对手的价格高时，销售人员要善于从产品本身的特点入手，强调物有所值，给客户一个不抗拒价格的理由。如：

“我们的价格是比其他品牌要高一点，也应该高一些。一般的袜子都是16股丝的，而我们的袜子却是32股丝的，因此它比其他袜子表面更光滑，也不容易滑丝。”

共同利益法

有时，客户担心购买产品后，价格太高，卖不出去，希望降价。此时用共同利益法消除他们的顾虑最恰当。如：

“您了解过我们的公司吗？我们的公司有一条理念：帮助客户共同销售。我们有一整套产品推广计划和方法，如小店促销、产品推介会、有奖销售等。客户销不销公司的产品是客户的问题，产品卖不卖得出去，是我们公司的问题。您还有什么顾虑吗？”

运用此种方法，销售人员一定要让客户感觉到你是站在他的立场上考虑问题的，强调了利益与共，并且能提供完善的售后服务，确保了他们的利益。

利润保证法

有时客户担心产品价格太高，无法获得相应的利润，因此要求降价。此时销售人员要用利润保证法，让客户放心进货。如：

“您认为您进我们的货最起码需要什么样的利润？您估计您的销量有多大？您卖我们的货希望一年赚多少？……根据我们对市场的了解及经验，只要您销售我们的产品，您说的那个数（利润额）肯定能达到……（从全方位的推广支持后预计能达成的销量及促销政策支持等，计算出总体利润）您还担心什么呢？”

价格分解法

当客户觉得产品或服务的价格太贵时，销售人员可以采用价格分解方法，让客户从心理上觉得价格可以接受，从而减少价格异议。

价格分解有两种方法：

（1）分解计量单位。如：

每盒80元10片装的面膜，销售人员可以说："1片才8元，去美容院做脸至少得30元吧？"

（2）分解时间。如：

一位经理抱怨房租太贵了。销售人员可以这样回答："1年房租12000元，每个月才1000元，每天才33元钱。您一天接待2个就能保本，怎么说您一天也能接待10个人吧？"

经济利益比较法

经济利益比较法可分为两种：

（1）同类产品的经济利益比较。也就是说将购买自己的产品所花的金额与购买竞争对手的产品所花的金额进行比较。如：

"您看，我们的设备体积小，不占空间，而且售后服务长达5年，而A公司的售后服务只有2年，您买我们的产品，不论在经济效用和维修方面都很有利。"

（2）机会成本的比较。比较购买和不购买的经济利益差异，强调购买的有利性。如：

"制造成本加上维修费用，您每天的成本费用太高了，这样就变相地在降低您的利润。您买一台新的，速度快，不用维修，产量高，获利是不是更多？"

适时拒绝法

有时，销售人员对客户投入了真诚，尽量为客户的利益着想了，但由于客户对产品性能的不了解，仍然担心吃亏而与销售人员讨价还价。此时，销售人员看准机会，适时拒绝，反而能坚定客户的信心，促使交易达成。

需要注意的是，销售人员运用这种技巧时要注意自身的态度和语言表达技巧。在拒绝客户时，感情用事只会把客户吓跑，达不到销售的目的。如：

“我想您已经了解我们产品的性能，也知道我们的价格非常公道。您实在不买也没关系。想好了，下次再来。”

销售人员在面对客户异议时，运用以上 7 种技巧，再借助技巧性的询问、良好的礼仪、温和的语言就能轻松化解客户的价格异议。

在面对客户价格异议的时刻，你不再挠破头皮！

演练

针对成交前客户对价格产生异议的时刻，自设情景，运用 7 种应对客户价格异议的技巧化解客户的价格异议。

二、客户认真询问产品信息的时刻

每个客户都会询问产品信息。但客户在不同阶段询问产品信息的出发点是不一样的，了解产品的阶段，询问的主要是关于产品本身的信息，成交前的询问大多是建立在假设成交的基础上的；那些购买意向强的客户与那些只是随便问问的客户询问也是不同的，前者的询问多是建立在决定购买的设想上的，而后者仅仅是为了了解一些产品信息、行业信息。如：

客户已经打算购买一款手机时，他可能会问："手机的待机时间是多长啊？如果出现问题了我该怎么办？"

这位客户已经不自觉地透露出他要买的信息了。原因有两点：一是他关于手机的询问是建立在他买了手机后，如何维护自身的利益基础上的；二是他所问的问题是非常细节的内容，表明他已经了解并基本接受这个产品，在问一些解决顾虑的办法时，希望得到销售人员满意的答复，坚定其购买的决心。

此时，销售人员如果积极地满足他的心愿，并主动积极地提出成交，交易就达成了。

在成交前，客户关于产品信息的询问通常有四类：

（1）使用产品应该注意的一些细节。如：

"在电压不稳的情况下，使用这种产品会出现什么情况？"

"可以开着机子充电吗？"

“如果一次用不完，可以冰冻保存吗？”

“可不可以用来治疗腰腿疼痛呢?”

（2）购买后可以得到什么样的售后服务。如：

“如果出现了断裂、脱胶的情况，可以换或免费修吗?”

“在付款方式上可不可以宽松些?”

“你们能确保在订单签完之后的一个星期之内交货吗?”

“如果在三个月之内出现质量问题的话，你们真的保证免费上门退换吗?”

（3）一些可以验证产品品质的信息。如：

“这个手机是哪产的？是德国产的吗?”

“那些买过的人是怎么评价的呢?”

（4）一些关于价格的问题。这类询问可以用应对客户产生价格异议时刻的技巧处理，这里就不多谈了。

当客户的询问信息涉及以上四类时，销售人员可以把他们视为成交的信号，并根据所询问的内容给予相应的回答，然后采取适当的成交方法，交易就达成了。

在客户询问产品使用时应注意的细节的时刻

在客户询问使用产品过程中应注意的相关事项的时刻，销售人员要根据客户所问问题的重要与否来给予或简明或详细的回答。记住，你的回答是为了迅速达成交易。

如果客户所问的问题比较简单，且对方是一个爱学习、有知识修养的客户，销售人员只需要简单地回答一些要点，然后用礼貌和友好的语言引导客户自己去看说明书就行了。

如果客户问的问题比较难以回答，且对方需要你详细地指导和说明，你不妨再给他演示一次。这既消除了他的顾虑，也有助于成交。

针对这种情况，可用如下成交方法：

1．**直接成交法**。

当客户的疑问解答完后，销售人员就可以直接提出成交了。如：

“我到仓库给您拿一个未开封的吧？”

“就买手上这个吧，它很不错！”

“刚才那位先生买了一个黑色的，您就来个红色的吧。红色更适合女性！”

2．**演示成交法**。

对于那些比较难掌的握使用注意事项，你就再给客户演示一次。在介绍时，你还要很自然地强调产品的功能给客户的好处，坚定客户的购买信心。如：

销售人员：阿姨，您在用它（电磁炉）熬粥时，不要把火开得太大，这样既容易溢锅，还浪费电。您摁下“熬粥”这个键就可以了。就这样一摁，您看多方便啊！

客户：就来一个吧！

在客户询问售后服务的时刻

在客户询问售后服务的时刻，销售人员要根据自己所售产品的情况，如实回答。大多数情况下，他们都是对你已有的售后服务进行确认。在这种时刻，你要用确切无疑的口气回答他们。如果有保修单，你立即填写保修单给他们看，这是最有力的回答。如果他们不反对，销售就成事实了。

此时可采用的方法有直接成交法、二选一成交法、互惠互利法。

1．**直接成交法**。

直接成交法又称为请求成交法，这是销售人员向客户主动提出成交的请求，直接要求客户购买销售产品的一种方法。使用这种方法要注意时机，不要给客户造成压力。如：

“既然您这么喜欢，我就给您一个内部优惠价吧，您要多少套？”（当客户对产品流露好感时。）

“这款产品是原来A形产品的升级版，性能更稳定，先订3台试试？”（面对老客户时。）

2．二选一成交法。

当客户确定了自己的利益可以得到保障后，销售人员就可以尝试成交了。二选一成交法是一种很好的方法。因为不论客户作出什么样的选择，交易都会达成。如：

“您是要一双还是两双呢？”

“您是要这一款，还是要那一款呢？”

“您是首付8万元，还是首付10万元？”

3．互惠互利法。

互惠互利法，是利用客户关心售后服务的契机，将客户本身就可以得到的服务强化为给客户的好处和优惠，让客户有一种得到实惠的心理，从而主动提出交易或乐于接受成交。如：

“您现在购买，我们就提供一年的免费保修服务。”

“那开票吧。”

记住，运用互惠互利法时，一定要做到承诺能实现，否则就会自砸招牌。另外，那些优惠不要一开始就全部告诉客户。

在客户询问一些关于产品品质的问题的时刻

在客户询问关于产品品质的问题的时刻，销售人员要根据情况巧妙回答，消除客户的顾虑，促进成交。成交的方法有二：

1．肯定成交法。

客户在购买产品时，特别是一些中高档用品及一些有特殊意义的产品时，特别看重产品的品质，为的是买得放心，用得省心。通常，他们会用一些资料或数据来验证产品的品质。此时，销售人员一定要用自信肯定的语气将“品质绝对有保证”传达给客户，甚至要让客户产生不买简直是损失的感觉。这时再自然地提出成交请求。

“这是瑞士产的手表，每周只进一次货，每次只能进5个，我们是有质量和信誉保证的，送人多有档次！”

“很多人都买这个用，您看我的销售记录，有人给他们全家都买了！”

2．瑕疵成交法。

有些特卖品，可能微有瑕疵但不影响使用，为了尽快将产品脱手，厂家会采用特卖与降价的举措，将产品卖出去。通常客户会因为诱人的低价购买产品，但仍然担心“便宜没好货”。这时销售人员就要“坦率”地承认产品有瑕疵，让客户觉得“自己很精明”，没有因为贪图虚荣而多花钱。这一招特别适用于那些理性且贪图便宜的购物者。如：

“这个微波炉我们只剩一台了，又是样品，所以才低价卖的。”

“衣服太多了，都翻乱了。可能扣子要缝一下，其他没问题。为了保护衣服，我们甚至不敢把扣眼剪大。”

总之，当客户认真询问关于产品信息的时刻，销售人员要用耳朵认真地听，用专业的知识和技能消除客户的顾虑，然后根据情况，运用成交方法，实现销售目的。

客户：你们这家旅行社的住宿里，含免费的早餐吗？

销售人员：您希望含吗？

客户：这怎么能说希望不希望呢？很多旅行社的住宿里面就有嘛！

假设你是对话中的销售人员，你用什么方法与这位客户成交呢？

三、把握客户言谈中的成交时刻

客户是否有成交意向，还可以从他不自觉的自我判断、选择与比较的语言中透露出来，特别是明显的需求表达和积极感受，都是明显的成交信号。销售人员一定不要错过客户表达这些信号的时刻。如：

“这个东西不错，我想我老爸肯定会喜欢。”

“颜色真漂亮。不知道我穿会不会暗了点？”

“我看我同事买了一个，好像还不错！”

销售人员在捕捉到这些信号的时刻，要根据客户的言谈，采取合适的成交方法，主动提出成交，不要等候客户提出成交。

趁热打铁法

在客户表达出明显的需求和传递出明显的成交信号的时刻，销售人员可以用赞美、肯定、附和与重复的方式强化客户的观点，不着痕迹地提出成交请求。如：

客户：我奶奶腰疼，给她送磁疗仪不错。

销售人员：小姐，您真是个有心人。送这个给老人真是太合适了。打开一个看看？

委婉提醒法

在客户的言谈表现出需求的时刻，销售人员还可以采用一些技巧，让客户感到温暖、贴心，产生享受了超值服务的感觉。如：

客户：这件衣服的颜色不错，但不太适合我。

销售人员：这个颜色很适合您，还有一件咖啡色的，正适合您这个甜甜的女孩。

客户：这个客厅很大啊！可以举办舞会了！

销售人员：是啊！您交友多，正合适啊！今天买下来，礼拜天就可以请朋友来玩了！

从众成交法

“群众的眼睛是雪亮的。”人们在选择一些东西时，总会有随大流的心态。销售人员要善于借势成交。如：

客户：我看很多人家里都放了一个加湿器。

销售人员：北京的冬天很干燥，屋子里有暖气就更干燥，要保养皮肤，还真少不了一个加湿器。最近很多人都买了，有些还一买就是好几个呢！

配销成交法

配销成交法是一种非常值得推荐的成交方法。利用这种方法，销售人员不仅销售了产品，还提高了销售额。

在客户对某些产品非常满意的时刻，销售人员可以从不同方面，让客户觉得更好。如：

客户：这辆车我挺满意的。

销售人员：我推荐的还有错？××先生，你已经买了车，不如现在把保险也买了？我还可以给您8折优惠呢！

客户：行，省得麻烦。

在客户对产品只有一些不满意的时刻，销售人员可通过提供辅助设备或附件的方式，满足客户的需求，达成交易和增加销售额。如：

一位女士试穿了好几件衣服后，只中意一件墨绿V领衫，但她又觉得口开得太大。最后她遗憾地说："我倒是很喜欢这件衫，可是领口开得太大，上班没法穿。"说着就要离开了。

这时销售人员对她说："这位女士，如果您搭配一条今年流行的紫色丝巾，就可以让领子显得不大了。而且这两种流行色配在一起绝对出彩！"

女士试后，爽快地买下了衣服和丝巾。

掌握成交方法对销售人员固然重要，但要从客户言谈中把握成交时刻，销售人员还要注意以下几点：

1．注意客户言谈中的成交信号。

销售人员与客户谈话、沟通都是为了交易。当客户的谈话中透露出成交信号时，销售人员就要立即将沟通、谈话重点转移到成交上来。

2. 准确核实。

客户在谈话过程中透露出的对销售非常重要的信息，销售人员要善于用重复、及时归纳、及时总结等技巧进行核实。这样做，一方面你不会遗漏或误解客户意见，能及时有效地找到解决问题的最佳办法；另一方面，客户也会因为找到了热心听众而增加谈话的兴趣。如：

"您的意思是要得到5%的折扣，并且合同签订后20天内发货，对吗?"

"×先生，根据您的描述，您更喜欢弧线形外观的深色汽车，性能和舒适度都要一流，对吗?"

3. 及时回应。

客户说得越多，销售人员得到的有效信息就越多。必要的回应可以使客户感到被支持和认可，可以有效地刺激客户讲话的欲望。当客户讲到要点或停顿的间隙，销售人员点头、简要地发表一下意见都是不错的回应方式。如：

客户：我喜欢浅色和亮色。

销售人员：我也一样。这让人看上去很有朝气。

客户：你给我推荐两种颜色吧!

销售人员：今年很流行裸色，接近肉色，很性感也很有活力。

4. 立体化的沟通手段。

除了语言的沟通和交流，其他如眼神、微笑、表情等肢体语言也要参与到沟通中来，才会百分百成交。

四、把握客户动作中的成交时刻

人不会把脑子里的每一个观点和想法都表达出来。特别在成交之前，有些客户为了争取有利的成交优势，甚至会隐瞒自己的真实想法。销售人员要把握住成交机会，就要善于破解客户的肢体语言，从他们的动作中，把握成交时刻。

孤立地看人的肢体语言，它们具有多义性和不确定性，如果它们是一连串流畅的肢体语，我们就很容易理解。因此，销售人员只要认真识别客户的肢体语言，就可以在客户的动作中把握住成交时刻。通常，客户具有购买意向的肢体语言都比较积极和热情。如：

当你介绍完产品后，客户礼貌性的微笑与关注神色让位于自然的微笑和自然的专注神色；

听到他非常认同的观点时，不自觉地点头；

听到你的某些数据，客户会简要地询问，然后借助计算器计算的动作或心算的动作；

拿起样品开始研究，或翻阅产品资料，自己寻找相关答案，并针对细节问题向你提问；

开始敲指头；

开始有节奏地踏脚；

要求看看合同样本；

等等。

在客户做出这类动作的时刻，销售人员要审时度势，主动提出成交了。有时为了避免过于唐突和增加成交率，销售人员可以借助提问的技巧，让潜在不明的成交信号，变得清晰和容易把握。

在使用提问技巧时，销售人员要避免运用一些让客户过于敏感的成交词汇，比如：买、卖、标准、佣金、问题、交易、月付款、价格、地区、地段等。

同时销售人员也不要过于急切催促客户下决定。这些做法很可能引起客户的不满，导致最终的结果与你的出发点背道而驰。

为了把握住客户动作中的成交时刻，销售人员可以根据自己行业的特点，在日常自备一些应对客户只有动作没有语言的沉默时刻的敲定语。如：

“我知道您还存有疑虑，但这种类型的尺寸的确是您所需要的吧？”

“不管怎么说，这个产品是符合您的需求的，而且价格也是您所能承受的，对吗？”

“经过今天的正式接触，您同意这项计划的可能性是多少？今天就可以定下意向吗？”

“既然您如此中意这套房子，那就先付一部分定金，保留这套房子吧？”

“如果我跟我的老板打电话，他同意以46万元的价格将房子卖给您，您是否今天就可以签约？”

无论这些敲定语是否有效，至少它可以让沉默的客户说话，可以将我们的推断明晰化，这样我们就可以用一系列的方法促使交易成功。除了趁热打铁法、委婉提醒法、直接请求法、二选一等方法外，销售人员还可以用下列成交方法。

1．试用成交法。

在客户对产品比较满意，但他又一时拿不定主意的时刻，销售人员就可以主动让客户试用。

如果一个客户不时地看看车，摸摸方向盘时，表明他很犹豫，还有什么在阻碍他作出购买决定。此刻，销售人员可用此种方法。

销售人员：要不您将您的身份证和一部分押金放在这，把车开回去玩几天，如果觉得合适，再把钱送过来，好吗？

客户：真的可以吗？

销售人员：没问题。

注意，在使用这种方法的时候，销售人员要把握自己产品的品质、试用期长短以及可能出现的意外情况，采取必要的风险预防措施。

2. 小点成交法。

小点成交法，是指销售人员利用间接的方式促成交易达成。一般客户在作重大决策的时刻，会有比较大的压力，对重大的成交问题往往持观望态度，不轻易明确地作购买决策。小点成交法正是针对客户这一心理，避免了直接提出重大成交的问题，使客户的心理有一个平稳地接受成交的缓冲时期。如：

销售人员向客户推销新的笔记本电脑。客户觉得机子不错，可就是迟迟不肯下决定，只是不停地抚弄笔记本电脑。

销售人员就对他说：您对这台电脑还有什么不满意吗？

客户：基本上没有！就是不知道网速怎么样。

销售人员：不用担心。如果您没有其他意见，我立马就装一张新的无线网卡给你。

这位销售人员没有直接说买与不买，而是借助让客户试用网卡的契机，让客户心理上自然地接受了买电脑一事。

3. 利润成交法。

内行的客户，即使已经非常动心了，他也能保持不动声色，尽量装出拒绝购买的样子。但他们摆动的双腿和故作沉稳的动作暴露了他们其实是中意产品的心理。不表态是为了让销售人员主动开出让他们满意的成交条件。

针对这类客户，销售人员可以采用一种薄利多销的利润成交法。销售人员在使用这一方法时，要善于给客户演示你的利润模式，让他们相信你已经是微利了。如：

小王是一位电脑销售人员。一天，来了一位对市场行情颇为了解的客户，小王跟他套近乎，讲配置，交谈了近半个小时。这个客户饶有兴致地听着小王的讲解，不时问一两个关键要害点，然后就是喝水，翻翻说明书和宣传彩页，就是不说买与不买。

于是小王就对他说："老刘，这台机子我根本就不挣您什么钱。今天您是我第一个主顾，我开个张，挣点水电费就行了。您看这个主机1200元，17寸显示器1200元，光驱220元，总共才2620元，我就挣您120元钱。您说我这么大个门面，人员工资、房租什么一除，我一天挣不了什么钱啊！"

听小王这么一说，老刘也就不好意思再和小王耗着了，就说："你也差不多了。现在竞争激烈啊！"

销售人员在根据客户的动作来把握成交时刻时，有几个破解肢体语言的原则一定要掌握，且不可成为教条主义者。

（1）不同的情绪，往往可能会经由类似的行为来宣泄，例如，眼神接触不佳可能代表不诚实、无聊、紧张、生气或傲慢，千万别死记每个单独动作的含义，而是根据一组肢体语言来做判断。

（2）"一致性"是解读肢体语言的关键。成交前的关键时刻，销售人员要特别关注客户改变明显的动作，而不要仅仅看他们做了什么。如果客户一直保持某一状态，突然间有进入另一种状态的肢体语言出现时，销售人员就要判断客户是否有购买意向了。如果客户突然间长舒一口气，像顿悟了什么，然后有些心不在焉，或借口去洗手间，就证明他对产品没有购买的兴趣了。如果他长舒一口气，像突然弄明白什么东西，然后抓起资料看，证明他对产品很感兴趣。即使他要去洗手间，他也会用礼貌的口气说："你休息一下，我去一下洗手间。"

（3）先弄清楚客户肢体语言的特征，确定破解肢体语言的方向，比漫无目的地搜集客户的肢体语言透露的信息更能有效地抓住成交时刻。这就需要销售人员平常有意识地积累这方面的信息。

五、客户拒绝购买的时刻

拒绝是购买的开始。

——乔·吉拉德

销售人员利用种种方法激发了客户的兴趣，但费了一番唇舌，客户却拒绝购买。这个时刻，一些没有经验的销售人员就会退缩；有经验的销售人员会用一些技巧，达成部分交易。只有真正出色的销售人员才善于转化客户拒绝购买的理由和原因，达到销售的目的。

销售人员在实际工作中遇到的拒绝大致可分为三类：

（1）理性的拒绝。

理性的拒绝的表现方式是：因为……所以不能买（不买）……

这种拒绝大多有合理的理由，理由也是客户经过思考后得出的。

（2）情绪化的拒绝。

客户心情不好，或对销售人员存有偏见，那么在对待销售人员时，情绪化就会表现得非常明显，拒绝的理由是既武断又不负责任的。有些时候则是心情不好，随随便便将火发到撞在枪口上的销售人员身上。

（3）借口式拒绝。

这是对销售人员最婉转的拒绝方式，通常是用最客套的借口做挡箭牌。

“东西很不错，但就是没钱买。”

“我们刚刚买过！”

“这事我做不了主！得和我老公商量商量。”

在成交在望的时刻，销售人员必须毫不畏惧这三类拒绝，在内心给自己打气说：我一定可以让他们心服口服，掏了钱买了东西还说我很好！

事实上，只要善于破解客户的拒绝，销售人员就可以成功地将“拒绝”变为“接纳”。

应对理性拒绝时刻的技巧

1. 给予对方充分的优越感。

理性拒绝的客户大多是办事稳重、自己很有主见的人，他们善于自己判断和衡量一件东西是否适用，一项服务是否需要。因此，当他们在拒绝购买的时刻，总能给销售人员明确而具体的拒绝理由和答案。如：

客房：“这种啫喱有点起白霜。”

销售人员：“用过的客户都说不错的。我们现在的技术已经改进过了，品质比原来更好了！这可是市面上很好销的品牌。”

这位销售人员在简洁地陈述了产品的特点后，将判断的主动权委之客户。如果产品真的是市面上的好品牌，就算他认为有白霜，他也会买。因为很少有比这种产品性价比更高的产品了。

当然，在反复说服中，可以用适当的奉承话软化他的情绪。理智型的客户大多比较有远见，你可以委婉地提醒他：“今天买了，今天就能用，不必等到要用时，又没有。反正不贵，买个方便。”给客户优越感，目的就是为了避免将冲突升级，因为理智型的客户如果真的和你较起真来，会不依不饶的。

2. 以理性对付理性。

理智型的客户最容易被理论、数据说服。销售人员一定要充分运用自己的产品知识，化解客户认识的不足，或在理性上诉诸于他的见解，让客户心甘情愿地接受产品。

应对情绪化拒绝时刻的技巧

应对情绪化客户的最高原则是：先搞定客户的心情，再解决成交的事情。如：

客户：我说不买，就是不买。听你讲了半天就够烦的了！

销售人员：我这样说让您很烦，那我们换个角度来看……

客户：换什么换啊！你是不是卖不出去啊？送我也不要！

（看来这位女客户是个情绪化的客户，她可能碰上什么烦心事了。这时就要转变思路了。）

销售人员：小姐，不好意思，我真是迟钝，半天都没看出您心情不好！咱们聊聊天，反正相见是缘嘛。

如果这样能缓和她与你之间的敌对情绪，等她的情绪缓解后，不管她需要不需要，她自己可能都会因愧疚而购买你的产品。当然，我们并不提倡将客户不需要的产品卖给他们。

应对借口式拒绝时刻的技巧

在客户用借口拒绝购买的时刻，销售人员一定不要被借口所阻拦，而要千方百计破解客户的借口或绕过客户的借口，实现成交的目的。

借口的类型有三类：以钱为借口、以人为借口、以产品为借口。

1．钱的问题。

如果客户真的没有需求，他可能很早就没兴趣听你讲产品了，或者他对产品的反应至少是相当冷淡的。当他以钱为借口来拒绝你的时刻，其真实的目的

不过是为了让你降低价格。

针对这种情况，销售人员有两种应对技巧：

（1）听而不闻，巧觅突破口。

销售人员不要一听见客户说没钱就表示同情。如果你对客户表示同情，其结果就是要么你主动降价，达成客户的心愿，要么你放弃成交。然而，这两种结果都不是你想要的。此时最佳方法是，用侧面的方法，让客户的借口不攻自破。如：

……

客户：没钱买啊！太贵了！

（看对方的穿着、打扮，然后大致估计其收入，并用羡慕的口气说出来。）

销售人员：看您的打扮就知道是挣大钱的人，一个月怎么也有五六千元的收入吧！

客户：五六千元只够吃饭。

销售人员：哈哈。您说笑了吧。五六千元只够吃饭？那我们不是只能喝西北风了！来几公斤吧？

（2）顺水推舟，赚钱就卖。

有些时候，客户可能的确没有较强的购买力，如果价格略低一点，他是愿意接受的。如果降点价仍有钱赚，销售人员就可以顺水推舟，将交易达成。如：

……

客户：能便宜1元钱吗？这东西这么贵，不送人我哪舍得买！

销售人员：既然是送人那就便宜点，来两公斤？

2．人的问题。

“有决定权的人不在。”在拒绝销售人员的时刻，人们总会用这句冠冕堂皇的话来拒绝。遇到这种情况，我们可以先行封杀。

“王经理，我知道您绝对有权决定这笔单子。贵公司一向是推崇学习的，您买了这批书，送给员工，可以增加团队的士气，增强团队的凝聚力，您还会成为贵公司的先进典型呢！”

这样的处理，既让对方不易推托，又以其看得见的好处，坚定了客户购买的信心。

3．产品的问题。

“我已经有了。”客户没有需求时会这么说，但有些时候却是他们的借口。有些东西即使有了，但属易耗品，再买点也没关系，或者还可以送给别人。如：

客户：东西的确不错，可我已经买了一个了。

销售人员：东西这么好，您又不缺这些钱，少打几圈麻将就够买一个了。买了东西有东西在，送人有人情在，是吧？张哥，买一个送给您女儿吧，她快上大学了，有个手机也方便。这是最新的优惠价！

客户：我觉得这个简易衣柜不好。

销售人员：为什么这么说呢？

客户：搬家的时候不方便带。虽说可以拆，可拆来拆去多麻烦，拆多了，很多零件也就报废了。

请判断上述拒绝的类型，并给出你的应对方案。

六　客户犹豫不决的时刻

有时，销售人员会遇上一些客户，无论是介绍产品还是体验产品，整个过程都很顺利、流畅，可快成交时，客户却犹豫不决。就像是踢足球一样，快要临门一脚时，那球总在球门边绕来绕去，怎么也不进门。在这个时刻，销售人员只要有良好的心态、合适的成交技巧和方法，成交就不是难事。

良好的心态

在客户犹豫不决的时刻，销售人员一定不要失去耐心，埋怨客户，认为客户过于优柔寡断、患得患失。

人们在购买一件产品时，很难遇到完全称心如意的产品。质量好的产品往往价格太高，功能多的往往性能不好，价格可以接受的，又觉得样式太陈旧了，等等。当期望的条件不可能完全实现的时候，客户就会在心中权衡一番，希望根据现有条件买到物有所值的产品。有时客户还要衡量购买决定是否会引起家人的反对或公司相关人员、部门的不满。甚至在客户对产品完全满意时，他们也会犹豫，不知是买少一点，还是买多一点。在客户权衡、犹豫的时刻，销售人员要善于根据他们的心理给予恰当的引导，帮助他们作出合适的决定，促使交易实现。

恰当的成交方法

销售人员要用适当的成交方法引导犹豫不决的客户作出决定，让他们坦然地购买产品，顺利实现销售。这样，双方才能皆大欢喜，圆满收场。

1．旁敲侧击法。

有时客户对眼前的产品很感兴趣，却似乎被某事牵绊，自己与自己斗争了半天还是下不了决定。销售人员想用诱导性询问等方法引导客户弄明白犹豫的原因，客户却吞吞吐吐，只说考虑考虑。这时销售人员不要妄加臆断，用自己的想法代替客户的想法，而是可用玩笑等方式旁敲侧击，寻找并化解客户心中的“结”，如此交易则会圆满达成。如：

“我再考虑考虑……”

“好，您再考虑考虑。我先去跟那位先生谈谈。”（不妄加猜测客户的省略语，让他自己慢慢权衡。）

与另一个客户谈妥了，再来招呼这位客户。

“您想了这么久，想好了吗？”

“嗯……”客户不好意思地笑了。（有些客户天性含蓄，怕说错话。）

“您是不是怕买回去给老婆骂哦？”（以玩笑的口气试探客户的顾虑。）

“不是，我们娃儿今年考大学，我怕买回去他只晓得上网，把大事耽误了。”

“看来您的娃娃成绩比较好哦！有福气！有福气！以我说，买回去，只要好好用，还会帮助您的小孩考大学呢！”（用赞美赢得客户的赞同。）

“是吗？”

“您的是儿子还是女儿哦？”

“是个儿子！”

“如果您儿子自己管得住自己，在考试前利用网络查一些考试信息，可以有效地帮助他考试。网上也有很多帮助学习的网站。”

“他也这么说。”

就这样，客户就买下了那台电脑。

注意，在用玩笑试探客户的真实想法时，玩笑的火候一定要拿准。

2．情景诱导法。

客户对产品犹豫不决，可能是因为他买了这一样产品，就不能买另一样产品了。在这个时刻，销售人员用绘声绘色的语言为客户描绘一幅拥有产品后的美好情景，就能煽起客户购买的欲望。如果再辅以二选一成交法、既成事实法等成交方法，买卖就做成了。如：

客户：想买又不想买。买了我“五一”就哪都去不成了！

销售人员：买吧！买了“五一”就可以练车了。其实，“五一”出去玩，人多、车多，挤来挤去特别没意思。您买了车，等过一阵，手头宽裕了，开着车去哪都方便。夏天的时候，夕阳下，开着车，微风拂面，比挤车舒服多了。

这样一说，客户就动心了。交易就成了。

3．最后时限法。

在客户犹豫不决的时刻，销售人员可以用最后时限法，给客户一点压力，让客户因害怕失去机会而作出购买决定。如：

客户：我还是再看看吧。

销售人员：您要再看看也行。不过您今天买是最划算的，明天就是优惠活动的最后一天了。我们是为了庆祝开店3周年才举办这个优惠活动的。

运用最后时限法一定要把握时机，否则可能弄巧成拙，痛失生意。具体来说应注意：

（1）最后条件应该给客户较大的压力或诱惑，让客户不愿轻易放弃这个优惠条件。

（2）提出最后时限时，应镇定自若，毫无掩饰，不让对方怀疑。同时，也要做好对方真的不肯让步的思想准备，坦然接受不成交的事实，让客户不买也觉得遗憾。

4．借力使力法。

在客户犹豫不决的时刻，销售人员可以针对客户犹豫的原因，主动提出在领导那里争取优惠条件，以满足客户需求的办法来达到成交的目的。如：

销售人员：这样吧，张先生，我给我们老板打个电话，看他能不能给您优惠点。

给老板打电话。

“老板，这有个哥们特喜欢我们那辆车，我觉得哥们人特爽快，他希望我们给他送个保险。这事我做不了主，您看能不能通融通融。”

“好！那就这么办！”

乐滋滋地跑过来！

“兄弟，成了。”

用借力使力法时，客户一般都会因为得到尊重而乐意埋单。在客户犹豫不决的时刻，销售人员可借助经理、老板、店长的力量和特权给客户一点优惠，将交易达成。

5．激将法。

激将法是一种冒险的成交方法。但在客户犹豫不决的时刻，巧用激将法却可以让交易迅速达成。如：

王磊是一个笔记本电脑销售人员。他与一个经理联系了很久，可这个经理老怕上司不批那笔经费，迟迟不肯签单成交。

一天，王磊当着他的面说：“您这台电脑可以和福特的T型车媲美了。”

那个经理一下子就明白了王磊的意思，他不动声色地和王磊闲谈了一阵。

两天后，他就打电话给王磊，要王磊给他送一台A品牌的笔记本电脑过去。

客户怕花钱，却丢不起面子。在客户总是犹豫不决的时候，销售人员要巧

妙地使用一下激将法，促使客户尽快下定决心。但使用激将法也要讲究技巧，比如，要用暗示性语言，或用故事暗激客户，或者在尖酸的语言后再添上有安抚效果的话，这样才不至于把客户激怒。

演练

针对客户犹豫不决的时刻，设想一些销售情景，并根据情景演练合适的成交方法，促使交易成功。请写出你的方案。

第八章

销售谈判中的8个关键时刻

在销售实战中，销售谈判大多是销售人员与客户短兵相接。因此，在销售谈判的关键时刻，销售人员既要心存高远，力求双赢，又要与客户楚河汉界一清二楚，寸土必争；既要与客户谈笑风生，建立伙伴关系，又要与客户唇枪舌剑，招招刺中利益的要穴。总之，销售人员在谈判的关键时刻一定要完成“争取利益”的使命。

一、谈判开局的“破冰期”

良好的开始是成功的一半。谈判开局的“破冰期”是走向正式谈判的桥梁。在这个阶段，谈判双方一般不进行实质性谈判，而是以见面、介绍、寒暄，以及谈判一些不太关键的问题为主。从时间上看，谈判开局的“破冰期”仅占整个谈判时间的2%～5%；从内容上看，似乎与整个谈判主题无关或关系不太大，但这个阶段却是非常关键的阶段，一旦把握不好，这个时期所定下的基调就可能不利于己方谈判。

在销售实战中，销售谈判大多是销售人员与客户短兵相接，灵活性与随机性很强。灵活多变的“游击”战术有着广阔的实用空间。因此，销售人员要善于在谈判开局中使用一些好的战术，让自己在谈判中拥有主动权，牵着客户的鼻子走，定下利于己方的谈判基调。

1．“偷心”法。

“堡垒最容易从内部攻破。”“偷心”法是在谈判开局的“破冰期”，借助客户内部人员的力量，将自己的观点和想法嫁接到客户方谈判代表的思想上，达到谈判一开始就顺利行驶在自己预设的轨道上的目的。表现为用友好温和的方式，不知不觉地软化客户的心，使之对己方有利。如果客户方的谈判代表与其公司是一种赤裸裸的雇佣关系时，用“偷心”法是特别有效的。如：

春节将至，某国有企业综合办公室的杨荔，负责协助办公室主任处理采购春节福利品。杨荔是公司的外聘人员，单身，在公司里是级别最低的员工。还好她很会做事，深得办公室主任的厚爱。

小张是某商场的销售代表。他在与这家公司的综合办公室接触后，觉得杨荔在这次春节团购中扮演了相当微妙的角色。于是便利用与杨荔同龄人的条件，经常在周末约杨荔出来玩，与杨荔谈彼此工作上的事情。

小张：春节来了，团购的事情让我烦死了。幸好遇上你这个朋友还可以周末一起聊聊天，喝喝茶。

杨荔：哎，我还羡慕你呢！我在公司是个被人呼来喝去的角色。在这个小城市也没什么更合适的工作。

小张：你们公司很不错嘛，我看你们主任很器重你。买春节的礼物，还问你喜欢吃什么。你还想吃点什么？要盘开心果？再来杯卡布奇诺？

杨荔：嗯。我们主任最好了。我跟她说我喜欢吃巧克力，她说好，给大家都送一桶巧克力。

伺者送上了开心果和咖啡。

小张：其实我们最近进的黑木耳、鲁花花生油都不错，过年时，拿回家给你妈不错！

杨荔：公司发还差不多，我可舍不得。我给我妈钱最好，她想怎么花就怎么花。

小张：建议你们主任在春节礼品里买不就得了。

杨荔：倒是个好主意。试试看。

（以上整个阶段都是与谈判人员培养情感的阶段。）

谈判的时候，在列采购清单时，办公室主任与杨荔商量采购内容时，杨荔很自然地说出了一些小张希望他们采购的项目。办公室主任也欣然接受了这个可爱的下属的合理化建议。

最后，这家国有企业的采购单里就有了黑木耳、A品牌的花生油、B品牌的桶装巧克力。

在销售实战中，销售人员要善于给谈判人员异乎寻常的尊重，使用让对方受宠的称呼。比如，对方明明就是采购员，销售人员可以在其上司不在场的场合，经理长经理短地叫得无比亲切，满足对方的虚荣心。让他产生××这人嘴真甜，对人也不错，值得交往的感觉。如此，就可以让对方的立场产生微妙的变化。在谈判时，他就会按力量大小帮你使劲了。如果力量不够，他还会在心里说："公司真抠门，就不体谅别人的难处。"

2．先声夺人法。

所有的谈判对谈判人员衣着、销售配备都有要求，对所住宾馆酒店也有要求，说白了就是为了不让谈判对手看扁，在气势上胜过对方，达到先声夺人的效果。不过仅仅做到这一步是初级的。

真正高手的表现是无论谈判地点在哪里，销售人员都要衣着光鲜，装备齐全，如笔记本电脑、令人眼花缭乱的资料、神气的助手。谈判刚刚开始，就要制造出有"不速之客"打搅，或有电话请示，或有众多公务等着处理，还有竞争对手在排队等着谈判（谈判也快进入实质签约阶段，且条件无比优厚）的气势，以镇住对方。让客户被这种气势吓住，主动降低期望值。

3．生死攸关法。

在销售谈判中，如果销售人员确定自己在谈判中处于优势，就要善于使用这一利于掌握谈判先机的生死攸关法。

在谈判开局的"破冰期"，销售人员不妨一见面就连声说你错、错、错，并摆出各种姿态和表情：同情、怜悯等，不要怕不够狠，但也不要让对方感到你在"挑衅"。你一定要用这些手段传达出客户有很多观点和问题是需要改正的，否则损失惨重或后果难料。比如："你们要求的条件太多，如果不减少要求，我们将无法谈判"；"你们的出价要再高一些，不然我们很难及时供应，现在有很多商家在跟我们要货呢"。只有这样，才能压低那些贪婪的客户的不断要求，才能争取到更为合理的销售利润，才能保证谈判按照自己的思路发展。

当然，使用这一手段一定要掌握好火候，要让客户心服口服，不要引起谈判对手的敌对情绪，否则定下唇枪舌剑的基调，销售谈判将很快陷入僵局。

现在的买家日益精明，他们也会采用各种各样的手段来"忽悠"商家。比如，你们的量没有别家的多，你们的饮料浓度没有别家的高，别人的促销手段比你们高明，你们的产品没别人的好销，等等。归根结底，他就是想从你这得到更优惠的成交条件。

某饮料企业有一款果汁饮料以其较好的品质，在市场上有较高的市场占有率，后来竞争对手以其量多，争夺了一部分市场。

在经销商联谊会上，经销商就说饮料的价格太高，饮料的量太少，这个意见被各地经理一反映上去，公司立刻推出了低浓度大包装的同名饮料，结果消

费者普遍反映没有以前好喝了。小包装的饮料也因此不好销了。

可见，在销售谈判中，销售人员要善于利用好的形势，坚持自己的观点，借助适宜的销售谈判技巧，让己方在谈判开局的“破冰期”，就处于占有先机的有利地位。

有利的开局是诱导对方先开价，同时又不接受对方第一次开价的过程。上述的三个方法无一例外的都是影响对方的谈判期望值与谈判立场，掌握谈判方向的主导权，为接下来的谈判争取更多有利的资源。

在“破冰期”，销售人员要注意以下几个问题：

（1）行为、举止和言语不要太生硬，“破冰期”的感情要自然流露。也就是说，即使这种感情是事先策划好的，你也要做到自然流露。

（2）不要紧张。一旦紧张，再好的计谋也失去了依附的载体。销售人员在销售谈判中必须力克紧张，特别在一些涉外销售中，不要因为对方是高鼻梁、蓝眼睛就害怕，就缩手缩脚。你只有自信，别人才会相信你，才会不辨虚实。

（3）说话要简洁、干脆、利落。销售谈判中，销售人员一定不要啰啰唆唆，一句话重复几遍，给对手留下不好的印象。

（4）不要急着进入正题。俗话说：“欲速则不达。”就是告诉我们办任何事情都要循序渐进，不可心急，谈判亦是如此。一定要在“破冰期”与客户多寒暄，多交流，从侧面了解他们的心态，把握他们的情绪。

（5）一定要记住微笑和幽默。

二、报价的时刻

销售谈判主要是谈价格、交货期、付款方式及保证条件这四项。其中价格谈判是谈判的焦点，报价是必不可少的中心环节。报价标志着整个价格谈判的正式开始，也标志着谈判者利益的“亮相”，是谈判开局后的第一次高潮。报价时，销售人员一定要根据谈判的形势，把握客户的心理，采用恰当的报价方式和报价额度，以激发对方的交易欲望。

那么，究竟哪一方应先报价？先报价好还是后报价好？还有没有别的报价方法？

按照惯例，发起谈判者先报价，投标者与招标者之间由投标者先报价，卖方与买方之间由卖方先报价。先报价有利也有弊，有利的一点是首先提出了自己的期望值，能先行影响、制约对方的期望值；对方因为希望谈判能顺利进行，就很难提出变动太大的价格要求，相当于把谈判限制在一定的框架内，最终的协议将在这一范围内展开，而且第一个报价在整个谈判中都会持续起作用。

比如，如果销售方报价 1 万元，客户就很难奢望还价 500 元。一些服装商贩，大多偏爱先报价的方法，他们报出的价格，一般要超出成本的 3 ~ 4 倍。一件衬衣如果成本 30 元，能卖 40 元，商贩就心满意足了，而他们却报价 150 元。考虑到很少有人会还价到 50 元，所以，一天中只需要有一个人愿意在 150

元的基础上讨价还价，商贩就能赢利赚钱。当然，卖方先报价也得有个“分寸”，不能漫天要价，使对方不屑于还价。假如你到市场上问小贩鸡蛋多少钱一公斤，小贩回答100元一公斤，你可能扭头就走。

先报价时，如果报价不在对方的预料之中，往往就会打乱对方的计划，动摇对方的军心，减弱对方的自信，所以先报价有先声夺人的效果。

先报价虽有好处，但是也会有很大的风险。如果销售方提出的要求不够高，就可能失去一大块利润的蛋糕，也可能开始的要求过高，使对方认为己方没有足够的诚意，导致客户对销售方的信誉产生怀疑，甚至出现客户的报价也是无理至极，使谈判一开始就陷入僵局。

一般来说，如果销售方准备充分，知己知彼，就要争取先报价；如果销售方不是行家，而客户是，那么销售人员一定要沉住气，后报价，从客户的报价中获取信息，及时修正自己的计划；如果客户是个外行，那么，无论销售方是“内行”或者“外行”，你都要先报价，使自己占主导地位。自由市场上的老练商贩，大都深谙此道。当客户是一个精明的家庭主妇时，他们就采取先报价的技术，准备着对方来压价；当客户是个毛手毛脚的小伙子时，他们多半先问对方“给多少”，因为对方有可能报出一个比商贩的期望值还要高的价格。

对于老客户，由谁先报价对双方都没有太大的区别。因为双方相互信任，报价议价就无须反复较量，双方都不会在某些问题上过多纠缠，从而加快谈判速度，在较短时间内成交。

当然，在销售实战中，也会出现谈判双方都拿不准对方的情况，此时，谈判双方都不愿先报价。要打破冷战状态，销售方可采用激将法。激将的办法有很多，不妨用猜测的口气虚抛一个价格。如：

双方面对价格绕来绕去时，你不妨突然说一句：“绕了这么久，你给得了500元吗?”客户此时可能会争辩：“500元给不了，300元可以考虑。”

他这么一回，实际上相当于报价了。你就可以在此基础上讨价还价了。

先报价与后报价属于买卖双方报价顺序上的策略，而不同的报价术则是面对客户与竞争对手在报价方法上的策略。在销售谈判中，有四种报价术。

1. 高报价术。

一般的模式是，销售方首先提出有较大余地的高价，然后根据买卖双方的实力对比和该笔交易的外部竞争状况，通过给予各种优惠，如数量折扣、价格折扣、佣金和支付条件上的优惠（延长支付期限、提供优惠信贷等），来逐步达到成交目的。只要能稳住买方，这种报价术往往会有一个不错的结果。

2. 低报价术。

低报价术与高报价术相比是一种更有竞争优势的策略报价术。一般的模式是，销售方将最低价格列在价格表上，引起买主的兴趣，排除其他竞争对手。这种低价格一般是以对卖方最有利的结算条件为前提，且以这种低价格条件交易，其他方面如支付条件、售后服务等方面很难全部满足买方的需要，如果买方要求改变有关条件，那么卖方就会相应提高价格，因此，买卖双方最后成交的价格，往往高于价格表中的价格。

3. “抓两头，议中间”报价术。

还有一种报价方法是既报上限，又报下限。“抓两头，议中间”，传达出这样的信息：讨价还价是可以的，但只能在限制的范围之内。如：

出色的销售人员见到懂行的客户会这样说：“我不可能卖你5000元，但你不可能说4000元就拿走，对吧？”

这些话似乎是顺口说来，实际上却是报价，片言只语就把价格限制在4000~5000元的范围之内。

4. 分段报价术。

其模式是，将价格按照量的大小来报，量越大，价格就越低。这样的报价容易吸引客户。当客户没有达到你定的量的标准时，就可以将价格提高了。如：

你是牛仔裤销售人员，你可以这样给客户报价：20条起批，50条内每条30元；50~100条，每条25元；100条以上每条18元。但实际上你15元1条就可以批发了。

报价顺序和报价术属于策略问题，而报价技巧也是不可忽视的。同样的报价金额，运用不同的表达方式，在客户心中就会产生不同的效果。比如，前面讲到的分解价格的成交术，也一样适用于报价时刻。如一年365元的意外保险，销售人员可以说，一天花1元钱就可以在意外发生时得到10万元的赔偿。

分解价格可以吸引客户，利用小点组合报价也能吸引客户。有时为了避免高价把客户吓跑，就可以把产品的价格分解成若干部分，分次渐进提出，使各

个部分的报价加在一起仍等于最初预设的高价。采用小点组合报价，卖方主要把握了所售产品具有系列组合和配套性。买方买了1，就需要买2和3了。如：

化妆品销售人员向客户推销一套清洁、调理、保湿、润肤的护肤品，如果他以此报出全套产品的价格，客户可能一听就不想买了。但他可以先报洗面奶的价格，要价很低；成交后再要爽肤水的价格，要价也能接受；洗面奶、爽肤水卖出后，销售人员就可以抬高价格，再用合理的观点和语言让客户相信这既是必需的，又绝对物超所值的产品时，客户自然就想拥有全套产品了，也就很难提出价格让步了。

报价时刻是谈判的关键时刻。在此时刻，销售人员除了报价策略正确、技巧高明外，还要在心理上把好关，不要在阵势上让对方钻了空子。关于这一点，只要做到“严肃、清晰、避免评论”就可以滴水不漏了。

严肃：让客户认真对待销售方的价格。

清晰：让客户对销售方报价不产生异议与误解。一些重大的商务谈判，有必要采用书面报价的形式。

避免评论：如果你主动向客户解释、评论自己的报价，就自动暴露自己的意图、实力等机密，还会流露出信心不足的心理弱势。如果客户对你的报价有不清楚、不理解的地方，他会主动质疑的。

总之，报价时刻作为谈判的关键时刻，销售方要全方位进入备战时刻，从战略、战术、技巧、心理上武装好自己。

演练

某服装品牌是浙江的一个新品牌，但老板是做服装起家的，有一定实力。该企业主攻男装市场，定位是中高档商务休闲男装，现在该企业面向全国征集经销商。假设你是该企业的华北区销售经理。在华北片区的招商会议上，你费了一番力气请来的客户对该品牌不是很有信心，在谈判报价的时刻，你怎么报价呢？请给出应对方案。

三、亮出底牌的时刻

在销售谈判前，销售方常根据自身条件和各方面的信息，为销售谈判设置一条底线，通常也称为底牌。底牌是谈判的后盾。在谈判过程中，亮底牌的时间是非常讲究的，过早亮出底牌，不仅显得咄咄逼人、唯我独尊，而且还会将自己逼到一个没有回旋余地的困境地。不使用底牌就顺利达成谈判是最好的。但当谈判进入比较艰难的时刻，就要及时亮出底牌，让底牌这把“绝密武器”扭转谈判局面，或抵御客户的进攻。

过早亮出底牌让己方陷入被动

底牌是谈判的武器，但应该是销售人员最后应用的武器。在谈判时，销售人员要让客户从上限向下限（底牌）压进的过程中，不断使力、出劲，让他们的每一步都必须有所付出，最终在还没达到下限就自认为达到下限时，心满意足地与你签约了。

但有的销售人员在谈判未开始时，就过早使用了自己最有力的底牌，比如价格、售后服务、交货期限、付款条件等，让这些底牌在不该发挥威力的时刻，过早地发挥了威力，最终失去了影响力。如：

张小姐是销售灯具的。她参加了一家大型建筑企业的灯具采购招标会，建立了初步的关系。回来后，她立即向总经理汇报，总经理非常高兴，当场对她承诺："为了得到这笔业务，价格最多可以下浮15%。"

张小姐为了得到这笔业务，第二天就亲自拜访了客户，并说："为了表达我们的合作诚意，我们的产品在价格方面还可以再下浮15%。"客户一听非常高兴，说："这是个很有竞争力的价格。"

一个月后，张小姐参加了只有最后3个竞争者的投标会。张小姐非常开心，认为自己的报价是最低的，夺标的可能性很大。最后只剩下张小姐与另外一名竞争对手角逐了。过了两天，客户打电话说："对方的价格下调了，你能否在价格上再作出些让步?"张小姐说："我早作出让步了，已经是底线了。"张小姐又再次与总经理商量，总经理表示已经是底线了。客户说："对方的价格比你的价格有优势，你自己再考虑考虑吧!"结果张小姐败给了竞争对手。

张小姐之所以失败，就在于她过早地把自己的底牌亮给了客户。她没意识到客户购买产品还有其他的决策标准。在没有让自己手中的其他优势，比如质量、品种、售后服务、数量折扣充分发挥作用的前提下，就让自己最有力的底牌用尽能量了，最终使本可以达成的交易功亏一篑。

及时亮出底牌扭乾坤

底牌是销售方的最后防线，一旦失去这道防线，即使签约了，也是"丧权辱国"的合约，失去了销售的意义。然而，在自己走投无路，抽身又为时已晚，心有不甘的时刻，销售人员就要善于亮出自己的底牌，有效地抵挡客户的凌厉进攻，为己方争取一方合理的利润空间。如：

某企业需要对其内部管理系统进行改进。某咨询机构率先得到了这个消息，并成功跟进。通过几番较量，他们的方案在与其他几家咨询公司的竞争中脱颖而出。当双方进入谈判签约阶段时，这家咨询机构派出了市场部经理王平。

企业的客户经理万达是一个谈判高手。他准确分析了咨询机构的销售心理和战术，采取了以不变应万变的策略。咨询机构最初报了180万元，万经理认为这是咨询机构认为他们是大企业，漫天要价。

于是每次王平到企业来时，万经理就客客气气地接待王平，闲谈、拉家常，讲企业内部改革的风险，工人的消极怠工，日子难过。王平也只好装着非常卖力气地从公司给他争取优惠，终于将价格争取到了100万元。表示再说让价，就不谈这事了。

这时万达又开始跟王平谈质量、系统运行的稳定情况，谈技术细节，还特意请了一些领导、职工组成谈判小组。王平和几个市场部同事整天就为这事忙着。为了保证质量，王平还特地外聘专家来与客户商讨技术问题。

万事俱备，只欠东风了。只要合约签了，项目就可以动工了。万经理又说价格如果再降10万元，就签约。王平觉得再降就没什么利润了，于是就想了“金蝉脱壳”的招。因为内部管理改革是本年度该企业向其集团公司承诺的一个大项目，企业现在也急了。

王平说：“我们的价格每让一步，都要跟老总请示。现在老总到国外去考察了，经常联系不上。我也没有随意让价的权力啊！”

万达平静地说：“我们双方都如此有诚意，我也不想谈到这一步，把你们甩开。可公司现在真的有难处。小老弟你还得跟你老总请示请示。”

王平：“我们老总的电话你也知道。不信你打他手机！他说让，我就让！要不你就等他两个月，他回来时再与他谈。”

万达拿起电话，一拨，不在服务区。

“既然这样，明天我们就趁郎总在的时候，把合同签了。后天你就带人过来开工，保证3个月内全部竣工。然后在1个月内调试完成。”万达说。

王平其实被授权还可以再降15万元，可那样就真的没得赚了，要精打细算才能保本。可见，销售方在关键时刻，只要善于利用自己的底牌，审时度势，就能将交易顺利达成，保证己方的利润。

销售人员在亮出底牌的时刻，一定要让客户感觉己方已经走投无路，再逼下去对自己也没什么好处。因此在让步之前，就要营造和累积快到底线的气氛，等到终于用底牌的时刻，给对方一种他们获得胜利、基本达到目的的感觉。

销售人员向亮出底牌的时刻迈进时，要遵循下列让步原则：

（1）小幅递减让步。这样才能给客户一种你是非常谨慎的，你的每一次让步都是非常艰难的感觉，让他们降低期望值。

（2）尽量迫使客户在关键问题上先行让步。如果让步必须由己方作出，则只在次要或较小的方面让步。

（3）让客户在争取己方的每一次让步时都付出艰巨的努力。一般来说，人们对于付出努力所获得的让步成果总觉得倍加珍惜和欣慰。

（4）了解客户的真实状况，在客户急需的条件上坚守阵地。

（5）同等让步是不必要的。“互相让步”不等于“对等让步”。一切销售谈判都是围绕各自所持的条件进行，而这些条件公平之处不尽相同。对于不公平的条件和十分不公平的条件，提出“互相让步”貌似合理，但实际一旦妥协，吃亏就是己方。最好是客户让步60%，己方只让步40%，有时甚至可以作出对自己不造成任何损失的微小让步。

（6）如果作了让步又觉得失误了，就不要不好意思，因为这不是协定，完全可以推倒重来。

（7）如果条件不允许让步，就要勇敢地说“不”。只要你根据实际情况表明拒绝向客户让步的态度，客户是一定会认真考虑你不让步的理由的。

（8）谈判前做好让步的计划，所有的让步都是有条件许可，并且有序的。将具有实际价值和没有实际价值的条件区分开，在不同的阶段和条件下使用。

演练

广州某大型服装企业准备采购一批拉链，浙江A拉链厂的小王一直在跟进这项业务，经过多次洽谈，小王报出了每条拉链0.2元的最低价，但对方仍然有异议，提出：“你们的价格太贵了，同样的产品，上海的B企业比你们便宜15%，如果你们厂不降价，那就没有谈下去的必要了。”

面对这种情况，如果你是小王，你将怎么办？

四、当谈判出现僵局的时刻

在销售谈判中，僵局是一种自然现象。销售人员在遇上僵局时，不要主动退让，更不要无条件退让，否则就会陷入非常被动的局面，得到一个失望的结局。

沟通障碍、人为因素、突发事件都可能引起僵局。

沟通障碍有两种：一种是指由于谈判双方的文化背景差异，一方语言中的某些特别难以用另一种语言表述的话语引起对方的误解，比如，中国的二级企业，在英语里就可能被译成“second-class enterprise”，就容易被对方误解为二流企业，导致客户不愿谈下去；另一种是客户知悉却未完全理解销售方提供的信息，如“配件维修”，在销售方可能是指附属设备配件的维修，而非主机零件维修，而客户却理解为包括主机零件也是免费维修。这类原因造成的僵局只要双方找到问题所在，就可以让山重水复疑无路的僵局，柳暗花明又一村。

人为的或突发事件包括客观条件不具备、谈判的协定空间不具备、没有商谈的价值等原因造成的僵局，通常也会导致谈判破裂。

无论是哪种原因引起的僵局，在谈判时，销售人员都要遵循下列原则：

人：把人和问题分开。我们永远只可以反对客户的不合理要求，而不可以反对客户本人。

利益：销售谈判永远要考虑利益，在维护公司利益的同时兼顾客户的利益。

提议：成人才能达己，谈判的最高境界是双赢，提出互利互惠的解决方案。

标准：谈判的标准很重要，也是保障自己利益的砝码。坚持标准就会取得胜利，但坚持的标准一定要客观。如果销售方的标准不客观，客户就很难接受，就会形成僵局，谈判就可能走向破裂，目标也就无法实现，对双方而言，都是损失和失败。

谈判的成功既要有高度的原则性也要有高度的灵活性。在遇到僵局的时刻，销售人员要在坚持上述四个原则的同时，采用下列策略来圆满化解僵局，将销售谈判引入交易的目的地。

1．深刻理解客户拒绝的原因。

销售谈判中的拒绝意味着一个说服的机会。要说服客户就要站在客户的位置上想，弄清楚客户为什么要拒绝，真正的原因是什么，这样有利于缩短认识上的差距。

2．用理智引导情绪。

有时候客户会被激怒，或故意情绪化，以让销售人员也愤怒难平，给对方可乘之机。无论是真正的抗拒，还是人为的抗拒，销售人员都要理智。冷静地思考是什么让对方抗拒，让对方如此愤怒，然后提出问题，引导对方平静地思考，共同探讨问题，寻求解决的办法。

3．让中立的第三者来消除客户的抗拒。

请来双方都信服的专家、权威人士，让他们以客观、公正的立场解释事情真相，并给出可以合理解决矛盾的方案。

4．放弃。

如果实在没有合作的可能，那么只有选择放弃。放弃，至少比签订一个“丧权辱国”的合同要好得多。当然，选择放弃也是无奈之举。尽管谈判失败，也应该继续保持双方的良好关系，为以后的合作奠定基础。

坚持谈判的原则，可以保证谈判的进行；使用谈判的策略，可以让谈判的僵局最终得以解决；使用恰当的技巧，可以优化策略的效果。具体的技巧根据谈判的内容不同而异彩纷呈，常用的技巧如下：

1．以已经获得一致意见的事项为跳板，过渡到对下一问题的讨论。

谈判的内容通常最少也有4项。在一些大型的谈判中，甚至可以高达70项。当谈判中某些项目已谈出结果，某些项目却始终无法达成协议时，销售方可以这么“鼓励”对方：“看，许多问题都已解决，现在就剩这些了。如果不继续的话，不就太可惜了吗？”

这种用来打开谈判僵局的技巧，给客户一种的确如此的感觉，容易被客户接受。

2．在冲突中寻找一致。

在销售方与客户进行谈判时，最容易忽略两者的一致性。如：

你是一个售楼员，客户要买一套房子，但房子是给客户公司的专家住的。谈判时，双方还有一个共同目标，那就是让专家满意。在遇到僵局的时刻，你不妨从让专家满意的角度，提醒客户，从而让谈判继续进行。

3．坦承僵局。

坐下来心平气和地跟你的客户讲，你不可以接受他的条件的理由或困难之处，让客户理解你的难处。不要让对方认为僵局是因为你不愿意让步而造成的。如：

某空调销售人员王莉经过一番努力终于卖给某大型连锁酒店200台空调。公司坚持每台空调要收20元的安装费，但客户认为采购了这么多空调还要收20元的安装费不可理解。最后销售人员王莉决定示弱，坦率地跟对方的采购经理说明她的难处。

王莉：×经理，收取安装费是我们公司的一项硬政策。我们的价格已经是非常优惠了，销售部实在无法拿出资金来补贴安装费。每一台机子有多少利润您是清楚的。就算我不拿工资，这笔钱也不够安装费啊！

×经理：你再给我算算你的报价。

王莉当着采购部的人再度算了一次账。

×经理：我们商量一下。

两天后，×经理同意付给安装费。

4．用休会打破僵局。

谈判一般比较严肃和紧张。当僵局出现的时刻，销售方可以建议休会。休会期间可以组织一些观光、游览、观看文艺演出等活动，让娱乐改变客户的心情。当客户心情好时，通常也会变得比较慷慨大方，一些不容易解决的问题，也就在休会期间豁然开朗了。当大家在预定时间、地点坐在一起解决问题时，双方就很容易对原来的观点进行修正了。

五、下最后通牒的时刻

所谓最后通牒，就是指给谈判规定的最后期限。销售谈判基本上都是在谈判的最后期限里谈成的，处于被动地位的谈判者总希望谈判最终达成。此时，如果销售方居于主动地位，销售方就可以向客户发出最后通牒，让客户在这个期限内接受己方的交易条件。如果不接受，那么销售方就宣布谈判破裂而退出谈判。这就让客户感到不迅速作出决定，他会失去这个机会，从而迫使对方让步。

王先生和张先生就一处别墅的谈判已进入尾声，双方再度对价格进行谈判。王先生的最后要价为536万元，而张先生的最后报价为460万元。

张先生："480万元吧，我们一人让一步，你少点，我添点，这生意就成了。"

王先生："这个价格我算都不用算，没有任何可以商量的余地。你再重新报个价吧！"

张先生出去和夫人商量了一下，又添了10万元。

王先生："我算算看。看能不能让。"王先生出去了一会儿，回来后说："老实说，我已经把每个细节都仔细地算了算，我开始的报价536万元就已经是低得没法说的价了。但是，为了能跟你做成这笔生意，我还是愿意把它降到512万元，怎么样？就按这个价？"

张先生装着想了想，并用听起来很生气的口气说："怎么可能啊！我给你添了30万元，你才降了24万元！照这么谈，我们什么也谈不成啊！"

王先生："首先，我降的可不仅仅是24万元。因为我最初的要价已经是非常低了，而且是根据你方委托进行的最低估算价。实际估算是536.4825万元，这个你很清楚。而且这还得假设一切都按计划发展才行。如果中途再发生点差错，那我就亏惨了。事情就这么简单。我也不想再说了，我这还忙着呢！你考虑考虑吧！我要去处理点别的事，下个礼拜天再说吧！"

此言一出，张先生就不敢傲慢了，因为他知道这处别墅的确是要价很低，如果不是王先生急于投资，他也不会出手。何况别墅的位置的确不错。再等一周，谁知道会不会半路杀出个程咬金来。

张先生："何不今天就谈妥呢？你忙我也忙，拖到下周没必要。我再添18万元，就什么也不说了。"

经过30分钟的讨价还价，王先生说："我再算最后一次。"他离开会场，半小时后回来跌坐在椅子上说："我又把每一项费用都算了一遍，我实在找不到可以动刀的地方了。你也知道我现在投资急需钱，我也不跟你磨了，508万元成交。我拿了钱，早点投资，早点收益，比跟你计较这么几万元好！成不成就这样了！"

张先生又争辩了一会儿，最后他同意以这个价格成交。

这两位都是谈判高手，双方在不愿放弃自己的底线的情况下，将交易实现了。其中张先生的最后通牒也的确用得很好。他在一个恰当的价格和合适的让步中，使用了自己的最后通牒，让王先生有不抓住机会，就可能有新的变故产生的担忧。

在销售谈判中，虽然最后通牒可以让己方在关键时刻占据主动，但在具体使用最后通牒策略的时刻，销售方必须具备一些条件，否则，你的如意算盘也会落空的。

1. 使用最后通牒时，必须给客户留下一定的思考时间。

给客户一些思考时间，可以让对方感到你不是强迫他接受城下之盟，而是给他提供了一个解决问题的方案。尽管这个方案的结果不利于他，但毕竟是他自己自主作出的最后选择。

2．不要激怒客户。

最后通牒策略是一种保护性的策略。这个策略本身就有较强的攻击性，如果销售方再言辞激烈，就很容易伤害客户的感情，客户很可能由于一时冲动而不计后果，一气之下退出谈判，这对己方也是不利的。因此，采取这种策略时，要设法消除客户的敌意。除了做到语气委婉、措辞恰当外，最好以某种公认的法则或习惯作为向客户解释的依据。假如你遵循的是恰当的公认的习惯或行为准则，或者你有一定的法律依据，对方在接受时就不会有怨气。

3．最后通牒应该让客户无法反击。

如果客户能进行有力的反击，就无所谓最后通牒。你必须有理由确信客户会按照自己预期的那样做。

4．对原有条件也有适当的让步。

这样使客户在接受最后期限时有所安慰，同时也有利于达成协议。

时间就是压力，它使客户在销售谈判时无法忘掉这种压力。所以，我们总是全神贯注于对方的最后期限。它是一种无形的催促力量，它常会促使对方作出你希望他作的决定。所以，只要你处在谈判的主动地位，就不要忘记使用这一策略。

最后通牒在销售谈判中并不是哪个谈判者的专利。你可以运用，对方也可以运用。

杨女士正在就向兰先生租一间零售商店的事进行谈判。她要求兰先生给那家商店装修一下，但兰先生不同意。

兰先生：按你出的租金，我再装修一下，就没得赚的。

杨女士：我可以把我毛利润的1%给你，因此你相当于这个店的合伙人，你装修店，也相当于是投资。

兰先生：这都是以后的事了，谁说得准呢？

杨女士：这不是明摆着的事吗?！店的外观好了，吸引的客户也就多了，销售量有了，利润也就多了。

兰先生：那为什么不把这个作为租赁条件，写进合同呢？这样，你完全可以自己支付这笔装修费了。

杨女士：我付的租金已足以使你承担这笔费用了。再说，如果我还租原来

的地方的话，那个房东也答应免费为我重新装修的。

兰先生：那个地方人流量多少啊！我这每天要过多少人啊！

杨女士：那里不过是因为修路，暂时减少了人流量。路一通，人很快就多了。再说，我有不少老主顾，在那生意也一样可以做，而且我还看了其他的店。你考虑两天吧，不行的话，我就签别的店。

兰先生：我考虑考虑。过两天再说。

兰先生想，我这个价格虽然不低，可也不高，装修一下也是小事。不过我这地段好，她不租，我也可以租给别人。想诈我，没那么容易。

两天后，杨女士按照兰先生的意思签了合同。

可见，面对客户的最后通牒，销售方一定要冷静，仔细分析和审视己方的优势。分析客户最看重自己的产品的价值所在，就知道该如何应对客户的最后通牒了。

在销售实战中，销售方可以从3个方面入手思考应对客户最后通牒的办法。

首先，判定最后通牒的真伪。也许客户根本就没有太多的选择，就算有，也许也没有比你的产品更合适的了。客户的最后通牒不过是唬人的空城计。针对此，你就要将计就计，作出绝不退让的态度。但同时，又要给对方台阶，告知对方，如果对方对谈判有新的想法的话，可继续谈判。

其次，如果对方的最后通牒是严肃的，就要认真考虑和权衡。比较让步和退出谈判失去这笔交易两者之间的利益得失，然后作出合理的决策。

最后，坚持有条件地让步。如果你必须接受客户的交易条件，作出让步的话，就可以考虑其他的交易条件，力争在其他交易条款上挽回自己失去的利益。

六、谈判破裂的时刻

当谈判的僵局变成死局时，谈判就破裂了。但一次谈判失败，并不意味着整个交易的终结。此时，销售人员千万不要放弃希望，认为任何努力都是白费。当协议无法达成时，销售人员要善于力挽狂澜，用最后一搏，将交易进行到底，赚不到钱也要赚个吆喝、赚个口碑。

在销售实战中，在谈判破裂的时刻，销售人员可以用以下几个策略，为谈判画上一个完美的句点。

上策：使用最佳替代方案将销售谈判进行到底

在销售谈判破裂的时刻，最佳替代方案是让谈判起死回生的上上策。一个绝佳的替代方案需要在重新谈判前进行充分分析和反复测算，列出具体量化指标，并且让谈判双方都能够接受。

某知名企业准备请某策划公司为其制定市场战略和进行流程再造。双方展开了价格谈判，策划公司 10 万元的报价遭到了企业的拒绝，策划公司却认为

任何一家正规公司在同等标准下的报价都不会少于10万元，企业方认为这一费用已经超过了他们年初的预算。谈判陷入了僵局，最后破裂了。

但策划公司觉得就这样破裂了，未免可惜。经过几番努力，策划公司提出了一个合理的替代方案，具体是：策划公司在原项目中增加培训服务，报价增加1万元。

同类型、同规格的培训市场均价是3万元，因为案例中的策划公司有自己的培训讲师，培训成本较低，使11万元的整体价格颇有竞争力。企业方看到这个替代方案后，非常满意。他们认为虽然策划费用价格偏高，但是培训费用省下了一笔开支，整体价格是可以接受的，于是双方在简单的谈判后，欣然签下了协议。

可见，最佳替代方案不仅可以挽救业已破裂的谈判，而且从交易效果看，最佳替代方案也不输于主选方案。

“知己知彼，百战不殆。”在利用最佳替代方案挽救破裂的谈判时，销售人员一定要了解客户的替代方案，这样才能应对有方，应对有力。

你是一家食品公司的销售经理，与某省的知名销售商进行产品代理谈判。这位销售商经市场调研后，同意代理你方产品，但不同意现款提货的合作流程，在这个问题上你没有商量。

在多方的调查和询问后，你知道这位销售商正在和另一家食品企业洽谈代理事宜，从而得知对方因同时运作两类产品，资金上有很大压力，只能选择与一家公司合作。于是，你根据客户的替代方案，提出了新的合作方案，增加了市场支持，提升了费用比例，但必须现款提货。这时在双方替代方案的比较中你占据了绝对优势，于是你和经销商达成了这笔交易。

了解客户的信息并非难事，可以在多个渠道中获取。这一点我们在本书开头已经详细讲过，销售人员可以举一反三、活学活用。

中策：重新开启销售谈判的大门

“失败是成功之母。”如果谈判破裂是因为客观条件不成熟，时间仓促，调查和准备不充分，销售方一定不要关起谈判的大门。即使再谈判的可能性不大，但山不转水转，时机成熟时，谈判仍然是可能的，做成交易的机会仍是存在的。

在谈判破裂的时刻，销售方还可以向客户抛出“绣球”，比如“我们还可以进一步磋商，找个机会再谈”。

当这一“绣球”抛出时，可能出现以下几种结果：

1. 客户方欣然接住这个“绣球”。

客户受你的话的启发，主动来找你谈判是重启谈判的好兆头。这表明客户仍然希望双方能达成协议，在策略上，证明己方占了上风。这样，重新谈判的地点、时间将由己方来定。如：

当客户主动打电话给你，要求重新就谈判的事情进行沟通时，你可以这样回答：“很好啊！要不您在周三下午2:30来我办公室谈谈，如何？”

因为客户可能是试探己方的态度，并不确定己方也急于重新开始谈判，所以也不能一下子就暴露自己的真实心态，一口气说出重谈的时间、地点，这样才可以趁机抓住客户的迫切心理，占据主动权。

2. 客户没有反应。

当己方抛出“绣球”，客户没有反应时，己方也不妨姿态高一点，主动再给客户打个电话。最坏的结果不过就是他告诉你，不想再谈而已。至少你可以定下心来，想别的生意，不必再对此耿耿于怀。

还有一种结果是，客户故意引而不发，想先听听你怎么说。到了这个时候，就要大大方方地表达自己的观点，同时也不妨给客户抛出点香饵，让客户也乐意再试试。假如谈判重新开始，会给己方带来很大的好处，可以对己方的

最后交易条件作出较大的调整。告诉客户："我们对最后交易条件的修改和主动与你联系，都说明我们有达成协议的诚意。希望你们也作出点牺牲。"这一表白能成为推动双方交易达成的重要因素。

无论重新谈判会有什么样的结果，销售方都应该努力改变客户的立场。

1．耐心说服客户改变立场。

耐心对于二度谈判是非常重要的。由于第一次谈判的失败，销售方在二度谈判时，就要更加有耐心，将说服客户的工作做得更细一些。销售方一定要不厌其烦地给客户讲关于产品、合作的事宜，给客户更多考虑和消化的时间，直到瓜熟蒂落。

2．掌握好时机。

时机会给己方的说服工作增添力量。销售方要利用有利的时机，趁热打铁，重点突破，让客户知道抓住二度谈判的机会，对双方都是非常重要的。

3．给客户一个利益保证。

人性都是趋利避害的。在销售谈判中，销售方要抓住客户关心利益的心理，给客户一个利益的保证，让客户消除第一次谈判时利益没保障的心理。

4．避重就轻，步步深入。

要让客户改变立场，就要给客户改变立场的理由。销售人员可以避开有重大分歧的环节，先从较小的环节入手，给客户以信心。

5．换个角度说服客户。

有些时候，销售方仅仅从一个角度去说服客户是比较困难的。这时，销售方也不要灰心，可以试着换个角度，去启发客户。如：

你是个服装销售人员，你要说服你的经销商多进5万元的货，可他怎么都只肯代理3万元的货。不论你怎么说优惠政策，他都不愿意再多加一分钱。这时你可以转换一下思路，说如果今年他帮你完成销售任务，明年你就全心全力为他争取好的销售政策和销售条件，帮助他把经销范围做大。这样他就意识到，必须和你搞好合作关系，他才可能在未来的生意中，争取到更大的利润蛋糕。

下策：买卖不成仁义在

双方若不能达成相当程度的圆满结果，谈判面临破裂之际，己方也无须逞一时口舌之快，伤了和气。若是撕破脸，以后要再谈合作，就算可能，也要颇费周章。买卖不成仁义在，双方好聚好散，好为下回谈判圆满埋下契机。

此时此刻，销售方应表现得泰然自若，心平气和。在谈判无法挽回的时刻，大势已去，也要留住客户的心。让客户觉得这一次谈判没成功实在是遗憾，下次有机会合作，一定找你。

在客户拒绝达成协议的时刻，销售方可以这样说：

“这一次谈判真是太仓促了，我们双方都应该再准备一段时间。希望您再考虑考虑，也希望能有再次合作的机会。”

或：“我们充分理解您所处的位置。希望您能和您的上司再汇报一下情况，让我们能再次坐在谈判桌旁。”

或：“生意没做成，朋友做成了，也是不小的收获。以后会有合作的机会的。”

总之，以上三策，可以让销售人员在销售谈判破裂的时刻，为己方争取更多的利益和销售机会，为不成功的销售画上一个圆满的句点。

七、谈判收场的时刻

销售谈判开头难，收场更难。谈判双方都面临两方面互相冲突的压力。一方面来自于谈判的不确定性，因为你无法确知客户的真正底线，因此你也不能确定是否已经榨干了客户的油水。所以你会尽可能将结束谈判的决定延后，期望客户能作出更多让步。但是另一方面你又希望尽快结束谈判，防止对方把你榨干。可见，恰当地把握谈判结束的时刻，对销售人员来说是一种十分重要的能力。

要把握好谈判收场的时刻，销售人员第一个要把握的就是谈判结束的时机。最佳时机是客户正处在激动的“准备状态”，此时他的兴致最高，双方就会缔结一个令人满意的契约。

要把握好谈判收场的时刻，销售人员就要多练习谈判收场的技巧，将谈判的成本控制在较低的水平，让己方得到一个利益最大化的协议或合同。

1. 比较结束法。

比较结束法有两种。一种是有利的比较结束法。这种方法让对方觉得现在结束交易，他们将会得到更多的好处。如：

“现在把合约签了，我们马上供货，你们投入生产，就正赶上你们对××公司合同的供货期。”

一种是不利的比较结束法。这种方法将对方与某个失败的客户作不利类比，给客户以压力，促使成交。如：

“你们推迟一天，就有被竞争者抢先的危险，像××公司的遭遇一样。”

2．让步结束法。

让利促使双方签约。假设双方就某一问题陷入了僵局，销售方为了打破僵局，并迅速结束谈判，可以就对方希望让步的项目作出较大让步，但条件是签约，以结束谈判。如：

“如果我们在这个项目上让步的话，您就能完全同意了吗?”

3．利益结束法。

（1）运用此方法要把握好3个技巧点：

（2）突出利益得失，促使客户作出决定；

（3）强调产品的优势，促使客户作出决定；

满足客户的特殊要求，促使客户作出决定。

如：

客户：我不喜欢这种产品表层的处理，防腐能力不强。

销售人员：如果我们改进产品的表层，使之增加防腐能力，您会满意吗?

客户：那当然好了。

4．诱导结束法。

诱导对方同意你的看法，最后迫使对方得出结论。诱导对方提出反对意见，从而尽快成交。

5．选择性结束法。

如：

您可以这里多一点，那里少一点；或是这里少一点，那里多一点。但是您

不能既要马儿跑得快，又要马儿不吃草。您可以二选一，这已经是我们能做到的最大让步了，我们可以接受任何一种选择，但不可能两者都给您。

6. 歼灭战结束法。

将力量集中在说服对方接受某一对他作出决定有重大影响的问题上，随着一两个重要问题的解决，双方就容易达成交易了。

7. 推延决定结束法。

如果不能马上作出决定，而且确实有原因，应立即建议对方推迟作出决定。

8. 总结式的结束。

这种方式是在结束议价阶段时，总结所有双方已经同意的条件，尤其是指出对方从你这里所得到的让步，以及强调如果他同意目前的条件的话，他将能得到什么样的好处。这种方法可以分成4步进行。

（1）尽量总结客户和我方的一致性观点。

（2）引导客户同意我方的观点。

（3）坚持求同存异，将一些尚未解决的问题搁置一边。

（4）共同商量怎样解决一些重大问题，力争双方在重大的原则问题上作出决定。如：

销售人员：我们都已经在这上面花费了许多的时间和精力，因此，在我们作了这么多的牺牲之后，如果现在宣告谈判失败的话，未免太令人觉得遗憾了，尤其是在这个协议呼之欲出的关键时刻。

客户：基本上是这样，但……

销售人员：×先生，正如你们所知，我们刚才已经总结了目前协议的情况。我们必须再次表白，我们在这些项目上，已经作出所有可能的让步了。如果你们希望得到更多而延长谈判的话，你们最终会发现那不过是一件徒劳无功的事。这是我们的最后立场，我们已经无路可退了，希望你们现在就接受所有已经摆在谈判桌上的东西，包括所有你们从我们身上得到的主要让步，同意签署协议。

9．整批交易的结束方式。

当两人势均力敌时，可以使用整批交易来结束谈判。如：

你和某销售公司谈判一批货物的代理问题。经过长期的谈判也没有任何结果，谈判期限还有12小时，过了这12小时，这次谈判就结束了。客户和你们都不想坐视双方关系中断。于是拿出谈判章程，看看谈判到底卡在哪里。

发现谈判7个大项中，双方在6个大项上都达成了协议，就只有第3项卡住了。

客户：可不可以6项先签字，剩下的1项以后再签？

销售人员：不行！这7项都是相关的，缺少任何一项都无法执行。所以要，就全要；不要，就全不要。

整批交易法目的在于把客户不要的东西，像三明治一样，逼他带回去。

谈判结束时刻要有一种平静的会谈心境，因为客户需要消除疑虑，或许正在准备作出适当的决定。用一种满怀信心的态度，含蓄地暗示生意将会成功，会帮助谈判者度过变幻莫测的关键时刻。

八、谈判签约的时刻

当一场谈判趋于明朗化时，双方讨价还价已告一段落了，接下来就是迎来又一个关键时刻——签约时刻。对谈判者而言，签约时刻却是一个相当危险的时刻。随着签约时刻的来临，销售人员很容易放松警惕，陶醉在得来不易的成就当中。这种成就感很容易让销售人员迷失方向，让销售人员不由自主地解除武装、放松警觉，忽略一些应当注意的签约细节。

若是你急于签约，你就不会那么小心地检查协议的详细内容。这种过失会给日后带来无止境的麻烦。当协议在被确实执行时，双方才会发现彼此对协议的认识，竟有如此大的差距。然后销售方或客户就会认为对方在谈判中玩弄了手段，设置了“陷阱”等，要么为平息这些愤怒耗费时间和精力，要么直接导致合同失效。

某学校对学校操场基土工程项目进行竞争性谈判采购。这个项目的主要内容之一是场地平整，挖下水道，需挖出并运走土方约1万立方米。谈判文件在工程报价要求一栏中明确规定，投标人投标报价应包含多余土方的场内转运堆放费。然而，在谈判文件所附的工程量清单中却只列出了土方挖掘工程量一项，没有列出土方转运堆放工程量一项。

在谈判过程中曾有供应商提出，挖出的土方放在什么地方。谈判小组的一名成员回答：既然谈判文件没有明确规定，只要放在不妨碍自己施工的地方就可以了。谈判结束时，为了便于评审，经采购人同意，谈判小组决定最终报价统一以工程量清单为准，其他因素一律不予考虑，并将这一决定以书面形式通知所有的供应商。

谈判结束后，一个供应商对施工现场进行实地考察时发现，挖出的多余土方无处堆放，于是与校方交涉多余土方堆放问题。校方指定施工现场西边150米以外的一块面积比较小的空地为多余土方堆放地点。供应商必须堆高10米以上才能在这块地上堆下挖出的土方。经过测算，供应商要求增加5万元土方转运费，对此，校方一口回绝。双方产生纠纷。

校方的理由是，谈判文件中写得很清楚，工程报价中应含有多余土方场内转运堆放费，要求增加费用没有道理。

供应商的理由是，谈判文件所附的工程量清单中不含土方转运量一项。在最终报价前，谈判小组以书面形式出具的报价要求一栏中也清楚地写明，最终报价以工程量清单为准，其他因素一律不予考虑。现在多余的土方要从施工场地运出150多米，且加高堆放，这些都是谈判文件所附的工程量清单中没有列明的项目，增加相应费用是合情合理的。

这起纠纷是因组织者责任心不强、采购人粗心大意、谈判小组成员敷衍了事造成的。

避免这种不愉快发生的最好办法就是，在你离开谈判桌前，仔细确认双方是否真的已经对“协议”毫无疑问。确认要注意下列问题：

1．达成的协议必须见诸文字。

实践表明文，本与协议条件不一致的情况经常出现。因此，协议中每个项目的详细内容都必须记录下来，并且双方过目。如果谈判当中，有一些定义或解释说明的东西，通常会放在主协议书的附录之内，这些内容仍然需要双方确认，以免在执行协议时，发生纷争。如：

主协议书中可能会用一个字眼，像“合理的”。如果谈判双方不事先界定这个范围到底有多大的话，双方可能会有引起争议的解释。

2．协议的文字要简洁，概念要明确，内容要具体。

大多谈判后的争端是由于关键性的概念，使用了模棱两可、含糊不清的词

语，或者重要的细节没有交代清楚而造成的。因此，时间、地点、数量一定要准确、具体。

3．不要轻易在对方拟订的谈判协议上签字。

对方拟订的协议，不管有意无意，必然对他有利，你应该详细地、谨慎地予以检查。必要时，自己事先也准备一个协议的草案，以便两相对照。在确信没有问题后方可签字。不然，草率签字后，即使协议有陷阱，你也必须照样执行。

4．在签订合同以前，销售方必须认真审查客户的真实身份和履约能力。

审查身份就是审核客户的经营主体资格是否合法。如对方是企业的法人代表，那么在签订合同之前，应要求对方提供法人代表身份证明，营业执照副本或工商行政管理机关出具的法人资格证书；如对方仅是企业的采购员，则应让其提供企业法人的授权委托书、合同书、自身的身份证明以及财产担保书等相关证明文件，切忌仅凭对方提供的不全面、不规范的文件就与其签订合同。

审查履约能力就是要查清对方现有的、实际的、真实的经营情况。为了避免上当受骗，签约前应尽可能通过信函、电报、电话或直接派人上门了解等方式对对方的资金和信用情况进行仔细调查，切实掌握和了解对方的履约能力。

5．审核文件。

审核文件的内容包括：

有多种文字版本的合同时，要审核合同文本的一致性；只有一种文字时，要审核磋商条件与文本的一致性。

核对各种批件，主要是项目许可证、用汇证明、订货卡等是否齐全，合同内容与批件内容是否完全一致，等等。

6．请公证部门公证。

重大的销售谈判合同签订时，为了让合同具有法律效力，通常在合同签约后，请公证部门公证。这样，一旦一方违反合同，经过交涉无效时，可以对簿公堂，寻求法律解决。